乌克兰历史与当代政治经济

任 飞 著

中国财经出版传媒集团

图书在版编目（CIP）数据

乌克兰历史与当代政治经济/任飞著. —北京：
经济科学出版社，2017.4（2017.6 重印）
ISBN 978-7-5141-7856-2

Ⅰ.①乌… Ⅱ.①任… Ⅲ.①乌克兰－历史
②政治－概况－乌克兰－现代③经济－概况－
乌克兰－现代 Ⅳ.①K511.3②D751.13③F151.13

中国版本图书馆 CIP 数据核字（2017）第 054567 号

责任编辑：侯晓霞　侯加恒
责任校对：徐领柱
责任印制：李　鹏

乌克兰历史与当代政治经济
任　飞　著
经济科学出版社出版、发行　新华书店经销
社址：北京市海淀区阜成路甲 28 号　邮编：100142
教材分社电话：010-88191345　发行部电话：010-88191522
网址：www.esp.com.cn
电子邮箱：houxiaoxia@esp.com.cn
天猫网店：经济科学出版社旗舰店
网址：http://jjkxcbs.tmall.com
北京密兴印刷有限公司印装
710×1000　16 开　9.75 印张　170000 字
2017 年 6 月第 1 版　2017 年 6 月第 2 次印刷
ISBN 978-7-5141-7856-2　定价：28.00 元
（图书出现印装问题，本社负责调换。电话：010-88191510）
（版权所有　侵权必究　举报电话：010-88191586
电子邮箱：dbts@esp.com.cn）

前　言

　　1990年9月，在我国著名苏联东欧经济问题专家、吉林大学国际经济系主任周启元教授的指导下，我开始从事东欧经济问题研究。1991年12月苏联解体后，吉林大学国际经济系与乌克兰基辅大学国际关系学院开始进行学术交流活动，乌克兰逐渐成为我的一个新的研究方向。时至今日，我还依然能够清晰记得当年周启元教授的谆谆教诲。正是在周老师的指导和帮助下，我开始了自己长达20余年的乌克兰研究之旅。1996年4月26日，我作为访问学者第一次踏上乌克兰的土地，当我抵达乌克兰首都基辅的时候，正好赶上乌克兰遭遇切尔诺贝利灾难10周年悼念活动，在从基辅波利斯波尔机场去基辅大学宿舍的路上，乌克兰人民沉重的悲伤气氛在我心中留下难以磨灭的深刻印象，至今仍令我久久无法释怀。可以说，正是从1996年4月26日这一天开始，我与乌克兰结下了10年之久的不解之缘。1996年5月～2002年5月的6年时间里，我在乌克兰基辅大学国际关系学院国际经济关系教研室和乌克兰对外贸易科学院世界经济与国际经济关系教研室从事当代乌克兰政治经济问题研究；2002年5月～2005年2月，我在中国社会科学院俄罗斯东欧中亚研究所乌克兰研究室工作，从事乌克兰政治、经济、历史和社会文化问题研究，乌克兰投资环境（政治、经济、法律、人文、社会和历史环境）是我博士后研究工作的重要内容之一。2005年3月～2007年3月，我有幸作为一名中华人民共和国驻乌克兰大使馆的外交官，在我国驻乌克兰使馆政治研究室从事当代乌克兰政治经济和外交问题调研，亲历了那段时间乌克兰政治舞台上发生的许多重大历史事件，并与许多当代乌克兰精英有了近距离的直接接触。在2005～2007年，我被乌克兰国家科学院世界经济与国际关系研究所聘为客座教授，在巴霍莫夫院士指导下，我与该研究所的普罗德尼科夫教授、基辅大学国际关系学院的杜德金科教授和乌克兰汉学家协会主席谢德涅夫教授合作，对乌克兰投资环境进行了较为系统的研究，主要研究成果成为乌克兰知识出版社出版的国际经济学专著《转轨经济中的外国直接投资》一书的重要内容。2007年6月，我调入国家开发银行国际金融局工作，离开学术研究领域，从事国际金融合作实务工作。虽然2008～2010年我被国务院发展研究中心欧亚社会发展研究所聘为特邀研究员，利用工作之余的闲暇时间，继续从事了一些乌克兰经济和金融问题的研究。但2011年以后，我作为国家开发银行拉脱维亚中心工作组组长和白俄罗斯工作组副组长，长期派驻白俄罗斯和波罗的海三国工作，随着工作重心逐渐从乌克兰转向白俄罗斯与波罗的海国家，加上日常事务性工作任务越来越重，我只好忍痛割爱暂时搁置自己的乌克兰研究偏好。

2015年4月，我因工作出差又来到阔别多年的乌克兰，基辅独立广场、索菲亚教堂、赫列夏季克大街，再次勾起我对10年前在乌克兰工作、学习和生活经历的诸多回忆，让我产生一种莫名的冲动，想把自己多年来对乌克兰历史和当代政治经济问题的一些想法整理和记录下来，抒发一下自己的乌克兰情结。当我真正开始着手写作时，却发现自己变得有些力不从心了，随着时间的流逝，撰写专业性学术文章对我而言已经成了一件非常生疏的工作。自2007年从国际问题研究人员转行变成金融从业人员后，随着工作环境和工作内容的转变，我慢慢地与严谨的学术研究渐行渐远。每天忙于处理各式各样的机关公文，让自己养成了一种按时间顺序记录事件的行文习惯。这个习惯对我产生潜移默化的功效，让我在记述乌克兰历史时，更多地把注意力放到了历史事件时间点的延续上，而忽略了对历史事件本身的详细描述和深入分析。虽然想努力纠正这种写作方法，但是发现短时间内自己很难回到曾经的学术研究思维模式。时间飞逝如电，每天都有新的事情发生，我的每一次纠结，都耽误书稿的最终完成。时不我待，尽管存在诸多瑕疵，我还是决定采用这种非学术的写作方法尽快完成书稿，对大多数历史事件采取了大事记式的行文方法，仅按时间顺序记录事件，而不对事件进行相关分析，从而避免自己对某些特定历史事件的主观评判和结论影响到读者们的客观判断。因此这部书不是一本严格意义上的专业学术书籍，它只是我按时间顺序对乌克兰历史和当代政治经济形势所做的客观记录和某种尝试性诠释。

本书记录的乌克兰历史，实际上是一段基于民族而非国家建构的罗斯—乌克兰简史，主要是通过梳理公元5世纪～2015年近1500年的乌克兰民族历史经纬，探寻乌克兰民族的历史发展轨迹，并力求尽可能准确地厘清当代乌克兰政治经济的发展脉络。需要指出的是，"乌克兰"作为正式的国家名称是在20世纪初才首次出现，而"乌克兰人"的正式称谓也是从20世纪初才开始广泛使用，在此之前乌克兰人被称作"罗斯人""哥萨克""小俄罗斯人"。因此，我在书中频繁地使用"今天乌克兰的土地""乌克兰地区",并且主要使用"罗斯人"这个词汇来指代这片土地上的早期居民。

在书中我力求能够对乌克兰历史全貌提供尽可能详细的信息,但因为自己工作经历的缘故,我对当代乌克兰政治经济发展有许多切身感受,所以在书中我把更多的篇幅放到了1991~2011年这20年间乌克兰政局的演变历程,其中很多文字源于我当年的工作报告和论文,虽然今天它们因为时间的缘故已失去现实意义,但是作为历史资料,还是给我提供了一些参考。而对1991年之前和2011年以后相关历史事件的记录则主要依据第二手资料,参考了近年来国内外公开发表的与乌克兰有关的大量报纸、杂志、读物和其他专业研究人员的专业著作及文章。对当代乌克兰经济形势的研判,主要基于最近五年(2011~2015年)的经济数据进行客观描述。

最后,希望这本《乌克兰历史与当代政治经济》能够作为一部提纲式的乌克兰历史史纲,起到抛砖引玉的作用,吸引更多对乌克兰历史和当代政治经济问题感兴趣的同仁们进一步深入研究和探讨。

任 飞

2017年1月4日

目 录

绪 论 ………………………………………………………………（ 1 ）
    第一节　自然地理 ……………………………………………（ 1 ）
    第二节　社会人文 ……………………………………………（ 10 ）
第一章　远古时代 …………………………………………………（ 17 ）
    第一节　原始部族和奴隶制城邦 ……………………………（ 17 ）
    第二节　东斯拉夫部落联盟 …………………………………（ 19 ）
第二章　基辅罗斯和加利西亚—沃伦公国 ………………………（ 22 ）
    第一节　基辅罗斯 ……………………………………………（ 22 ）
    第二节　加利西亚—沃伦公国 ………………………………（ 25 ）
第三章　立陶宛和波兰的统治与哥萨克时代 ……………………（ 28 ）
    第一节　立陶宛和波兰的统治 ………………………………（ 28 ）
    第二节　哥萨克时代 …………………………………………（ 31 ）
第四章　沙俄帝国和哈布斯堡帝国的统治 ………………………（ 40 ）
    第一节　沙俄帝国统治下的东乌克兰 ………………………（ 40 ）
    第二节　哈布斯堡帝国统治下的西乌克兰 …………………（ 44 ）
第五章　苏联统治下的乌克兰 ……………………………………（ 48 ）
    第一节　苏联创立前夕的乌克兰 ……………………………（ 48 ）
    第二节　苏维埃乌克兰 ………………………………………（ 53 ）
第六章　当代政治 …………………………………………………（ 59 ）
    第一节　乌克兰独立运动 ……………………………………（ 59 ）

第二节　独立之后的政局演变 …………………………………………（64）
第三节　当代政治体制 …………………………………………………（84）
第四节　地缘政治与对外关系 …………………………………………（93）

第七章　当代经济 ……………………………………………………（103）

第一节　宏观经济 ………………………………………………………（103）
第二节　财政金融 ………………………………………………………（107）
第三节　地区和产业经济 ………………………………………………（111）
第四节　对外经济关系 …………………………………………………（119）
结论 ………………………………………………………………………（142）

参考文献 ………………………………………………………………（144）
后记 ……………………………………………………………………（147）

绪　论

第一节　自然地理

一、地理位置和国土面积

乌克兰位于欧洲东部，黑海、亚速海北岸。北邻白俄罗斯，东北接俄罗斯，西连波兰、斯洛伐克、匈牙利，西南同罗马尼亚、摩尔多瓦毗邻，南面是黑海和亚速海，隔海与土耳其相望。[①] 乌克兰国土面积60.37万平方公里（含克里米亚），是欧洲第二大国。东西长1300公里，南北长900公里，乌克兰国土面积的95%为平原，平均海拔高度为175米。平原地带的最高点是霍京高地，平均海拔515米，平原地带的最低点是黑海和亚速海沿岸，平均海拔2米。平原主要由高地和低地两部分组成，高地面积占乌克兰国土面积的25%，包括沃伦高地，波多利耶高地和第聂伯河沿岸高地。低地面积占国土面积的70%，主要位于乌克兰北部、中部和南部，包括波列西耶低地、黑海和亚速海沿岸低地、第聂伯河沿岸低地。山区只占国土面积的5%，主要山脉有喀尔巴阡山，它位于乌克兰西部，平均海拔高度1000米，喀尔巴阡山脉的戈维尔拉峰海拔2061米，为乌克兰最高峰。[②]

二、水文和气候

乌克兰境内有大小河流73000条，其中河流长度超过10公里的有4000条，超过100公里的有120条，超过500公里的有8条。著名河流有：第聂伯河（总长度2201公里，在乌克兰境内流经长度981公里）、多瑙河（总长度

[①] Україна: Енциклопедія. В. М. Скляренко, Харків: "Фоліо", 2007. c203
[②] Україна: Енциклопедія. В. М. Скляренко, Харків: "Фоліо", 2007. c203、211

2850公里，在乌克兰境内流经长度174公里）、德涅斯特河（总长度1362公里，在乌克兰境内流经长度705公里）、杰斯纳河（总长度1130公里，在乌克兰境内流经长度591公里）、北顿涅茨河（总长度1053公里，在乌克兰境内流经长度672公里）、蒂萨河（总长度977公里，在乌克兰境内流经长度201公里）、普鲁特河（总长度967公里，在乌克兰境内流经长度272公里）、南布格河（总长度806公里，在乌克兰境内流经长度806公里）、西布格河（总长度831公里，在乌克兰境内流经长度401公里）、普里皮亚季河（总长度761公里，在乌克兰境内流经长度261公里）、谢伊姆河（总长度748公里，在乌克兰境内流经长度250公里）、普肖尔河（总长度717公里，在乌克兰境内流经长度717公里）、因古列茨河（总长度549公里，在乌克兰境内流经长度549公里）[①]。乌境内约有2万个大小湖泊，其中面积超过0.1平方公里的湖有7000多个，湖泊总面积占乌领土总面积的0.3%。淡水湖蓄水总量23亿立方米，咸水湖蓄水量86亿立方米。最大的湖泊为德涅斯特罗夫斯基湖，面积360平方公里，最深的湖为斯维佳斯科耶湖，水深58.4米。[②]受大西洋暖湿气流影响，乌克兰除东南部黑海沿岸地区具有一些亚热带气候特点外，全国大部分地区属温带大陆性气候。冬季平均温度为-8~12℃。北部和东部地区为-7℃左右，而东南部黑海沿岸地区冬天平均气温为0~4℃；夏季平均温度为18~25℃，在南部地区夏季最高温度可能达到35℃左右。年平均降水量东南部为300毫米，西北部为600~700毫米，多集中在六七月。年平均降水量从西部和西北部向东南部和南部逐渐减少。

三、能源资源和矿产资源

乌克兰煤炭资源十分丰富，探明储量为341.53亿吨，占全球煤炭总储量的3.5%，居世界第七位，其中硬煤178.79亿吨，褐煤162.74亿吨。煤炭储备主要分布在东部的顿涅茨克州、卢甘斯克州、中部的第聂伯罗彼得罗夫斯克州及西部的利沃夫、沃伦州。全国已探明石油储量5410万吨，占世界总储量的0.02%，居世界第53位，天然气储量11037亿立方米，占世界总储量的0.56%，居世界第24位。乌克兰的石油和天然气产地主要集中在西部的外喀尔巴阡地区、东部的第聂伯罗彼得罗夫斯克地区和南部的黑海及亚速海沿岸地

---

① Україна: Енциклопедія. В. М. Скляренко, Харків: "Фоліо", 2007. c214
② 马贵友主编：《列国志·乌克兰》，社会科学文献出版社2003年版，第8页。

区。东部油气带石油密度825～892千克/立方米，煤油含量0.01%～5.4%，硫含量0.03%～0.79%，汽油含量9%～34%，柴油含量26%～39%。西部油气带石油密度818～856千克/立方米，煤油含量6%～11%，硫含量0.23%～0.79%，汽油含量21%～30%，柴油含量23%～32%。东部油气带富集了全乌克兰43%的已探明天然气储量，南部地区的黑海和亚速海大陆架富集了全乌克兰约46%的已探明天然气储量。

乌克兰矿产资源丰富，已探明有80多种可供开采的富矿，其中锰的已探明储量为1.4亿吨，基础储量5.2亿吨，占世界锰的总储量32.6%，居世界第1位，主要分布在第聂伯罗彼得罗夫斯克州（尼克波尔等15个矿床）、扎波罗热州（大托克马克）。铁矿全国已探明储量200亿吨，占世界总储量的11.3%，居世界第3位，主要分布在乌克兰南部的克里沃罗格盆地。钛铁矿已探明储量590万吨，基础储量1300万吨，占世界总储量的2%，居世界第7位。已探明金红石储量250万吨，占世界总储量的5%，居世界第4位，年产金红石6万吨，占世界总产量的16%，居世界第3位。汞探明储量0.3万吨，基础储量0.4万吨，资源量2.5万吨，占世界总储量的2.3%，居世界第6位，主要分布在顿巴斯地区。全国已探明锆石（ZrO_2）储量400万吨，基础储量600万吨，占世界总储量的8.3%，居世界第3位。钾盐全国已探明储量0.25亿吨，基础储量0.3亿吨，资源量36亿吨，占世界总储量的0.3%，居世界第9位，主要产区为西部外喀尔巴阡州的斯捷布尼布地区和卡卢什—戈雷地区，全国已探明铀储量为14.794万吨，资源量24.1万吨，占世界总储量的1.7%，居世界第12位，主要产地在克里沃伊罗格。[①]

四、土地资源和动植物资源

乌克兰土地资源丰富，乌克兰的黑土地占世界黑土总量的30%，全国土地面积为6037万公顷，其中，农业用地面积为4210万公顷，占全国全部土地面积的70%，是世界上农业用地比重很高的国家之一。在农业用地中，可耕地面积为3420万公顷，占全国土地面积的56.9%，占农业用地面积的81%。乌克兰还是垦殖指数很高的国家，草地和牧场共692万公顷，占农业用地的16%。

乌克兰森林资源也比较丰富。森林占国土面积的15.9%，主要分布在喀

---

① Україна: Енциклопедія. В. М. Скляренко, Харків: "Фоліо", 2007. c220

尔巴阡山和波多尔地区,上述两个地区的森林面积分别占全国森林总面积的40%和25%,从绝对值看,乌克兰森林面积为949.1万公顷,居于欧洲国家的第8位。木材蕴藏量为1亿立方米左右,树种以针叶林和硬质阔叶林为主。乌克兰的动植物资源丰富,约有3万种植物,包括藻类植物4000种以上、菌类植物15000种以上、苔藓类植物1000多种,其中药用类植物800多种,食用类植物200多种,油料类植物400多种。常见的观赏性植物有:杜鹃、毛蕊花、龙胆、大戟、百里香、牛蒡、白菊、山萝花等。此外,乌克兰大约有4万种动物。包括原生动物1200种以上。常见的野生动物有:熊、欧洲野牛、驼鹿、野猪、野羊、野兔、野鸡、野鸭、麝鼠、貂獾、狐狸、鹫、雕、雷鸟、白鹭、沙鸡。

五、行政区划

乌克兰在行政上划分为27个行政区划,包括24个州①、一个自治共和国(克里米亚自治共和国)②、两个直辖市(基辅市和塞瓦斯托波尔市③)。乌克兰总共有460个市、885个城镇和28385个农村。

1. **基辅州**,州府是基辅市。该州位于乌克兰北部,第聂伯河中游,建立于1932年2月27日,土地面积2.81万平方公里,人口173.2万(不包括基辅市)。下辖25个市、29个城镇和1194个农村。

2. **文尼察州**,州府是文尼察市。该州位于南布格河畔的波多利耶地区,在基辅罗斯公国时期,该地区是加利西亚公国的重要组成部分,在沙俄帝国统治时期属波多利耶省,1932年2月,苏联设立文尼察州,土地面积为2.65万平方公里,人口160.2万。下辖17个市、30个城镇和1467个农村。

3. **沃伦州**,州府是卢茨克市。该州西与波兰交界,北与白俄罗斯接壤,在历史上曾作为基辅罗斯公国、加利西亚—沃伦公国和立陶宛大公国的组成部分,1569年并入波兰,1795年被划入沙俄帝国版图,1921~1939年属波兰,1939年12月4日苏联设立沃伦州,土地面积2.05万平方公里,人口为104.3万。下辖11个市、22个城镇和1053个农村。

---

① 2014年5月12日顿涅茨克州和卢甘斯克州的部分地区宣布"独立",成立"顿涅茨克人民共和国"和"卢甘斯克人民共和国",但未获得国际社会承认。

② 2014年3月17日,克里米亚自治共和国宣布"独立"并以新的自治主体身份加入俄罗斯联邦。

③ 2014年3月17日,塞瓦斯托波尔市宣布加入俄罗斯联邦。

4. 卢甘斯克州，州府卢甘斯克。该州原为伏罗希洛夫格勒州，乌克兰独立后改名为卢甘斯克州，土地面积为2.67万平方公里，人口220.5万。人口数量在乌克兰各州中居第5位，城市化程度居第2位（87%的人口生活在城市），俄罗斯族人口占42%，下辖37个市、108个城镇和794个农村。

5. 第聂伯罗彼得罗夫斯克州，州府是第聂伯罗彼得罗夫斯克市。位于乌克兰东南部，第聂伯河中下游，该州建于1932年2月，面积为3.19万平方公里，人口325.5万，其中83.6%的人口生活在城市，该州下辖20个市、48个城镇和1441个农村。

6. 顿涅茨克州，州府顿涅茨克市。位于乌克兰东南部，东临俄罗斯，南临亚速海，面积为2.65万平方公里，人口426.5万，人口数量在乌克兰各州中居第1位，城市化程度也居第1位（92%的人口生活在城市），人口密度189人/平方公里。下辖51个市、134个城镇和1122个农村。

7. 日托米尔州，州府日托米尔。该州位于乌克兰西北部，北部与白俄罗斯共和国接壤，面积为2.99万平方公里，人口124.8万。下辖9个市、45个城镇和1631个农村。

8. 外喀尔巴阡州，州府乌日哥罗德。该州位于乌克兰西南部，该州同罗马尼亚、匈牙利、波兰接壤，边境城市拉霍沃是欧洲的地理中心。该州建于1946年1月，面积1.28万平方公里，人口125.9万。下辖10个市、20个城镇和579个农村。

9. 扎波罗热州，州府扎波罗热。该州位于第聂伯河下游和亚速海之间。建于1939年1月，面积2.72平方公里，人口175.4万。该州也是乌克兰城镇化较高的地区之一，该州下辖14个市和23个城镇的城市居民占该州总人口的76.5%。

10. 伊万诺·弗兰科夫斯克州，州府伊万诺·弗兰科夫斯克。该州位于乌克兰西部，原名为斯坦尼斯拉夫州，于1962年更为现名，面积1.39万平方公里，人口138.2万，该州的城镇化水平较低。该州下辖15市和24个城镇的城市居民占该州总人口的43.4%，州府伊万诺·弗兰科夫斯克市的常住人口为10万，其余56.6%的人口生活在765个农村。

11. 基洛夫格勒州，首府基洛夫格勒。该州位于乌克兰中部，第聂伯河和南布格河之间，建于1939年1月，面积为2.46万平方公里，人口97.3万。下辖12个市、26个城镇和1024个农村。

12. 利沃夫州，首府利沃夫。该州位于乌的西部，西与波兰交界，建于

1939年12月4日，面积为2.18万平方公里，人口253.4万，其中59.7%的人口生活在城市。下辖44个市、34个城镇和1849个农村。

13. 尼古拉耶夫州，州府尼古拉耶夫。该州位于乌克兰南部，濒临黑海，建于1937年9月，面积为2.46万平方公里，人口115.8万。下辖9个市、20个城镇和919个农村。

14. 敖德萨州，州府敖德萨。该州位于乌克兰南部，南临黑海，西部与罗马尼亚和摩尔多瓦接壤。建于1932年2月，面积为3.33万平方公里，人口239万。下辖18个市、33个城镇和1143个农村。

15. 波尔塔瓦州，州府波尔塔瓦。该州位于乌克兰东部，第聂伯河左岸中部地区，面积为2.88万平方公里，人口143.9万。下辖15个市、21个城镇和1854个农村。

16. 罗夫纳州，州府罗夫纳。该州位于乌克兰西北部，北部和东北部与白俄罗斯共和国交界，位于波列西耶低地，面积2.01万平方公里，人口116.2万。下辖10个市、17个城镇和1004个农村。

17. 苏麦州，州府苏麦市。该州位于乌克兰东北部，北部与东北部与俄罗斯接壤，建于1939年1月，面积2.38万平方公里，人口111.3万，其中城市人口占64.7%。下辖15个市、20个城镇和1500个农村。

18. 捷尔诺波尔州，州府捷尔诺波尔。位于乌克兰西部，该州建于1939年12月，面积1.38万平方公里，人口106.6万，城市人口占44%。下辖16个市、19个城镇和1017个农村。

19. 哈尔科夫州，州府哈尔科夫。该州位于乌克兰东北部，北部与俄罗斯接壤，建于1932年2月，面积为3.14万平方公里，人口271.9万，其中城市人口占78.9%。下辖17个市、60个城镇和1694个农村。

20. 赫尔松州，首府赫尔松。该州位于乌克兰南部，第聂伯河下游，南临黑海和亚速海，建于1944年3月，面积2.85万平方公里，人口106.2万，其中城市人口占61.4%。下辖9个市、30个城镇和660个农村。

21. 赫梅利尼茨基州，州府赫梅利尼茨基。该州位于乌克兰西部，南部有德涅斯特河，西部和北部有几条德涅斯特河的支流。建于1937年9月，面积为2.06万平方公里，人口129.4万，城市人口占53.1%。下辖13个市、24个城镇和1417个农村。

22. 切尔卡瑟州，州府切尔卡瑟。该州位于乌克兰中部，建于1954年1月，面积2.09万平方公里，人口104.5万，其中城市人口占54.7%。下辖16

个市、15个城镇和826个农村。

23. 切尔尼戈夫州，州府为切尔尼戈夫。该州位于乌克兰北部，北与俄罗斯和白俄罗斯接壤，建于1932年10月，面积3.19万平方公里，人口104.5万，其中城市人口占58.3%。下辖15个市、30个城镇和1502个农村。

24. 切尔诺夫策州，州府切尔诺夫策。该州位于乌克兰西南部，东部和南部与罗马尼亚和摩尔多瓦接壤，建于1940年8月，面积为8100平方公里，人口91万，其中城市人口占42.7%，人口密度为115.5人/平方公里。下辖11个市、8个城镇和398个农村。①

克里米亚自治共和国——南临黑海，东为亚速海，面积2.7万平方公里，人口约260万。其中160万是俄罗斯族人（在塞瓦斯托波尔市，俄罗斯族人占2/3以上），60万乌克兰族人，20万鞑靼人和其他少数民族，首府设在辛菲罗波尔。克里米亚的军事战略地位十分重要，它拥有刻赤、塞瓦斯托波尔、叶夫帕托里等天然良港，其中塞瓦斯托波尔为深水不冻港，建立了整套配套设施（港口、机场、铁路、仓库、维修基地）。俄罗斯黑海舰队司令部驻扎在塞瓦斯托波尔市。历史上，克里米亚半岛在1475～1774年曾附属于土耳其奥斯曼帝国，1768～1774年的俄土战争后，克里米亚被纳入沙俄帝国的版图，并建立塔夫利亚省。1794年，被并入新俄罗斯省。1854～1855年沙俄帝国与英国、法国及土耳其奥斯曼帝国之间爆发了著名的克里米亚战役。1921～1954年克里米亚地区一直为苏联的俄罗斯联邦管辖。1921年10月18日建立克里米亚苏维埃社会主义自治共和国，第二次世界大战后，1945年更名为克里米亚州。1954年2月19日，时任苏联领导人赫鲁晓夫以纪念乌克兰和俄罗斯联合的《佩列亚斯拉夫协定》签署300年为由，将克里米亚州由俄罗斯划归乌克兰。1991年，苏联解体时，克里米亚以自治共和国的身份加入乌克兰。但克里米亚半岛上至政府，下至百姓都存在着一股强大的亲俄势力，他们要求克里米亚独立，支持克里米亚回归俄罗斯。1992年，克里米亚共和国议会通过独立法令。1994年1月30日，克里米亚共和国进行总统大选，亲俄罗斯的梅什科夫当选克里米亚共和国首任总统，实施与乌克兰中央政府抗衡的政策。1995年3月，乌克兰中央政府采取强硬措施，加强对克里米亚的控制。3月17日，乌克兰议会通过了《克里米亚自治共和国法》，明确规定克里米亚自治共和国是

---

① 乌克兰行政区划的介绍主要参考 Україна: Енциклопедія. В. М. Скляренко, Харків: "Фоліо", 2007. с. 112 – 196 的相关内容和乌克兰国家统计委员会统计资料。

乌克兰版图内的一个行政区或自治单位，并解除了梅什科夫的克里米亚共和国总统职务，宣布撤销克里米亚共和国总统职位，废除了克里米亚议会于1992年通过的克里米亚共和国宪法。虽然允许克里米亚建立自己的财政体系，但是规定克里米亚和乌克兰应有统一的武装力量、海关和货币—信贷体系；规定克里米亚只能在经济、环境保护和文化合作领域进行对外交流活动；塞瓦斯托波尔市是乌克兰中央的直辖市，不属于克里米亚共和国，其地位由乌克兰法律确定。为防止克里米亚局势失控，乌克兰中央政府一直向克里米亚派总统代表和内务部队常驻，并设有安全机构，并将克里米亚共和国政府置于乌克兰中央政府的直接领导之下，在政治、经济和安全领域采取一系列措施消除克里米亚的分裂倾向，克里米亚半岛独立和回归俄罗斯的势头得到控制。在随后的近20年时间内，克里米亚地区形势总体保持稳定。但2013年年底基辅发生大规模流血冲突和政权更迭后，乌克兰民族主义势力不断抬头，这引发包括克里米亚半岛在内的乌克兰东南部地区很多地方爆发了反对基辅政权的抗议示威活动，他们发出希望脱离乌克兰、要求独立和回归俄罗斯的呼声。2014年3月1日，克里米亚自治共和国议会发表声明，不承认乌克兰最高拉达决议的合法性。3月6日，克里米亚自治共和国议会投票通过克里米亚以联邦主体身份加入俄罗斯联邦、3月16日举行全民公投的决议。3月16日克里米亚自治共和国就决定自身地位举行全民公决投票，统计结果显示，超过96%的投票者赞成克里米亚加入俄罗斯联邦。克里米亚议会于3月17日通过决议，宣布克里米亚为主权国家独立，并正式提出以新的自治主体身份申请加入俄罗斯联邦。

六、首都和主要城市

1. 首都基辅，位于乌克兰中北部，坐落在第聂伯河中游两岸，面积827平方公里，是全国政治、经济、文化、科学中心。属温带大陆性气候，1月平均气温-5.8℃，7月平均气温19.5℃。与北京时差5小时。基辅历史悠久，曾有"俄罗斯诸城之母"之称，据官方考证，城市建于公元482年，据称是由基伊、谢克和霍利夫三兄弟创建，并以兄长之名命名为基辅。基辅素有"花园城市"之美称，人均绿化面积214.3平方米，四周和市内天然林木公园星罗棋布，城郊绿化带宽达25~40公里，绿化区为22万公顷。基辅风景优美，历史悠久，是古代斯拉夫民族的文化中心之一。城内名胜古迹众多，索菲亚教堂（11世纪）、金门（11世纪）、别切尔（洞窟）修道院（11世纪）等均为游人必到之处。基辅是全国最大的铁路、公路、航空交通运输枢纽，乌克兰机器制造业、化工、航空工业、船舶制造业的许多骨干企业设在基辅市，轻工、纺织和印刷工业也相当发达。基辅还是乌克兰的科学和文化中心，全市有1339座图书馆、12座剧院、23座博物馆、17所高等学校。乌克兰科学院、基辅大学及许多其他科研机构均设在基辅市。基辅市人口285.6万（2015年），其中乌克兰族人占82.2%，其次为俄罗斯族人（13.1%）、白俄罗斯族人（0.6%）、波兰人（0.3%）等。

2. 哈尔科夫是乌克兰第二大城市，哈尔科夫州首府，乌克兰的第二大城市。位于哈尔科夫河、洛潘河和乌达河汇流处。面积303平方公里，人口130万，是乌克兰东部地区的政治、经济和文化中心。哈尔科夫由乌克兰哥萨克人建于1656年，18世纪到19世纪成为俄国最重要的集市贸易中心之一。1917年12月5日在哈尔科夫召开了第一次全乌苏维埃代表大会，宣布成立乌克兰苏维埃人民共和国，后改名为乌克兰苏维埃社会主义共和国。1919~1934年，哈尔科夫是乌克兰苏维埃社会主义共和国首都，1934年迁往基辅。哈尔科夫是乌克兰第一机械工业中心。市内有哈尔科夫大学等20多所高等学校，还有40余所中等专业学校，此外还有影剧院、音乐厅、疗养院、图书馆、博物馆等设施。

3. 第聂伯罗彼得罗夫斯克是乌克兰东南部地区科技文化和政治经济中心。建于1776年，1783年起设市。19世纪末，随着铁、锰矿石的开采和加工不断发展，冶金和机械制造业逐渐成为该市的主要工业部门，到20世纪初期，该市已成为乌克兰主要工业中心之一。

4. 利沃夫是乌克兰西部地区的政治、经济、文化、教育中心，处于中欧、东欧通向黑海和波罗的海港口的交通要道上，其市区常住人口83万人。利沃夫市是13世纪由加利西亚大公丹尼洛创建，并以他的心爱儿子利沃夫的名字命名。利沃夫市以其文化的多元性闻名于世，其文化融东方拜占庭文化和西方罗马文化传统和建筑风格于一身，灿烂多姿，被世界各地的游人公认为欧洲最美丽的城市之一，并给她冠以"乌克兰的巴黎"和"乌克兰的佛罗伦萨"。在利沃夫市内有近2000个建筑被列入历史建筑文物保护目录，1998年城市中心部分作为历史建筑保护区被联合国教科文组织列入世界遗产目录。利沃夫歌剧院（被誉为欧洲最美的歌剧院之一）、利沃夫大学（建于1795年，是欧洲最古老的大学之一）、圣·尤拉大教堂（著名的洛克克风格的希腊天主教大教堂）和著名的集市广场（广场周围是建于14~19世纪的希腊神话中天神的神像雕塑和风格各异的欧洲古典建筑），以及建于1421年的圣母升天教堂和建于

1635~1640年，被称为"微型凡尔赛"的彼得赫尔奇城堡和建于17~18世纪的奥利斯基城堡和佐罗奇夫城堡都是利沃夫的著名历史景点。

5. 敖德萨是乌克兰南部地区政治、经济和文化中心，敖德萨州州府，位于德涅斯特河流入黑海的入海口附近。全市分为6个区，人口114.1万。城市面积160平方公里，是黑海沿岸最大的港口城市和工业、科学、文化以及旅游中心。建于1415年，原是鞑靼人的一个居民点，称卡吉贝伊。1795年起改称敖德萨。1805年为新俄罗斯省的行政中心。敖德萨是原苏联的机器制造业中心之一，机械制造、石油加工、木材加工、建材工业、化学工业、食品工业和轻工业比较发达。由于天然海港常年不冻，在远洋运输中占有重要地位，同世界60个国家的200多个港口有来往，承担着原苏联50%以上的对外贸易货运任务。市内有敖德萨大学、敖德萨工业大学、敖德萨音乐学院、敖德萨海运学院、敖德萨食品工业大学、敖德萨气象学院、农业学院、冷冻学院等14所高等院校，25所中等专业学校；还有图书馆、影剧院、博物馆等文化设施。敖德萨是乌克兰著名的旅游和疗养胜地，城市建筑新颖而雄伟，风格各异。200年前俄罗斯著名诗人普希金曾在这里生活，并创作了举世闻名的诗篇《我记得那美妙的瞬间》《茨冈人》。有敖德萨国家歌剧院，敖德萨艺术博物馆，在这里保存着17~20世纪俄罗斯、乌克兰的绘画珍品，可以欣赏到列宾、舍什京、艾瓦佐夫斯基和舍甫琴科的作品。"波将金"石阶建于1834~1841年，共有192级，宽达30米，是敖德萨最负盛名的旅游景点。海滨林荫道两侧有19世纪建的沃伦佐夫宫、波托茨基宫、市杜马、新旧证券交易所等。此外还有泥疗地，到这里可以进行泥疗、盐水疗、海水与人造矿泉水浴疗以及海水浴、日光浴和空气浴等。

此外，尼古拉耶夫和赫尔松市是黑海沿岸的重要商港。顿涅茨克市、卢甘斯克市也是乌克兰重要的工业城市，是乌克兰煤炭工业、黑色和有色冶金工业中心，扎波罗热是乌克兰的黑色和有色冶金业、机器制造业和化学工业的重要中心。

第二节　社会人文

一、国家象征：国旗、国徽和国歌

国旗：呈长方形，长宽之比为3：2。旗面由上蓝下黄两块平行相等的横长方形组成。蓝色代表天空和海洋，象征自由和主权。黄色代表麦田，象征乌克兰以农立国。蓝色和黄色是乌克兰传统色，源自该国徽章，即蓝色盾牌上的黄色狮子。1917年曾作为独立的乌克兰人民共和国国旗，1920年乌克兰成立苏维埃共和国后被废。苏联解体，乌克兰再次独立后于1992年1月28日重新启用。

国徽：是一枚蓝色的盾徽，上有一柄金色的三叉戟。金色三叉戟是弗拉基米尔大公时代基辅罗斯公国的标志，象征乌克兰民族悠久的历史发展传统和连续性；是乌克兰国家复兴和为民族独立而斗争的标志。

国歌：《乌克兰仍在人间》，亦译作《乌克兰尚未灭亡》。歌词为：同胞们，乌克兰的光荣和自由还没有逝去，命运将再次向我们微笑，而敌人会像朝阳下的露珠一样消失。同胞们，这块自由的土地必将属于我们。副歌为：为了自由，让我们献出自己的灵魂和肉体，同胞们，让我们证明自己是真正的哥萨克。乌克兰议会2001年1月正式确认乌克兰国歌的词曲，曲调主要基于作曲家维尔彼茨基1863年的谱曲，歌词是在诗人楚宾斯基的《乌克兰仍在人间》基础上略作修改。

二、人口和民族

人口：1991年独立时，乌克兰人口为5194万，截至2015年12月31日，乌克兰人口总数为4276万人①。其中，城市人口占67.2%，农村人口占32.8%；女性占全国人口的比重为54%，男性占46%。平均人口密度为每平方公里85人，但人口分布不均，总的来说，工业化水平高的东乌克兰地区比以农业为主的西乌克兰地区人口密度要高。东部地区的各州人口较多：顿涅茨克州人口426.5万，第聂伯彼罗得罗夫斯克州人口325.5万，哈尔科夫州人口271.9万，卢甘斯克州220.5万，敖德萨州为239万，扎波罗热州为175.4万，尼古拉耶夫州为115.8万，赫尔松州为106.2万，中部地区各州的人口相对而言比较适中，基辅州为173.2万，文尼察州为160.2万，波尔塔瓦州143.9万，切尔卡瑟州为124.3万，日托米尔州为124.8万，苏麦州为111.3万，切尔尼戈夫州为104.5万，基洛夫格勒州为97.3万，西部地区除利沃夫州人口超过253.4万外，其他各州人口相对较为稀疏：赫梅利尼茨基州为129.4万，伊万诺·弗兰科夫斯克州为138.2万，外喀尔巴阡州为125.9万，罗夫纳州为116.2万，捷尔诺波尔州为106.6万，沃伦州为104.3万，切尔诺夫策州为91

---

① Україна：Енциклопедія. В. М. Скляренко, Харків："Фоліо", 2007. c86, 乌克兰国家统计委员会统计数据。

万人。此外，乌克兰还有5个人口超过100万的大城市：基辅290万，哈尔科夫150万，第聂伯罗彼得罗夫斯克120万，顿涅茨克110万，敖德萨100万。独立以来乌克兰人口呈逐年下降趋势。人口下降的主要原因是人口出生率下降，死亡率上升，以及大量的人口外移，特别是2014年乌克兰东部地区的武装冲突，导致大量乌克兰人纷纷移居国外。人口自然出生率低、人口预期寿命过短（乌克兰男性平均预期寿命为66.37岁，而女性预期寿命为76.25岁）、人口地区分布不均以及大量的对外移民是乌克兰面临的主要人口问题。

民族：乌克兰共有110多个民族，其中乌克兰族是乌克兰的主体民族，在全国人口中占的比重为77%，其余为俄罗斯、白俄罗斯、犹太、克里米亚鞑靼、摩尔多瓦、波兰、匈牙利、罗马尼亚、希腊、德意志、保加利亚等民族。由于历史上乌克兰土地饱经战乱，乌克兰人侨居世界各地者颇多，目前在乌克兰境外生活着大约1300万乌克兰侨民，有770万乌克兰人生活在独联体和波罗的海国家，其中在俄罗斯的乌克兰族有430万，在哈萨克斯坦有150万、白俄罗斯有130万、乌兹别克斯坦有24万、吉尔吉斯斯坦有18万，此外，在美洲和澳大利亚及欧洲还有超过500多万的乌克兰侨民，其中在美国有220万人，加拿大有100万，波兰有80万，巴西有40万，罗马尼亚有38万，阿根廷有25万，斯洛伐克有14万，法国有6万，奥地利有6万，德国有4万，英国有3.5万。

除乌克兰族外，在乌克兰人口数量占第2位的是俄罗斯族，占总人口的20%左右。在乌克兰的俄罗斯族，与乌克兰族同属东斯拉夫民族，都是在公元9~10世纪基辅罗斯分裂成若干罗斯国之后，在古罗斯各部落的基础上形成的。由于历史的原因，乌克兰各民族混居现象在全国普遍存在，但在某些地区某一民族则相对居住集中。乌克兰族主要集中在乌克兰中西部地区的利沃夫州、捷尔诺波尔州、伊万诺—弗兰科斯克州、沃伦州、罗夫纳州及切尔卡瑟州。俄罗斯族主要集中在乌克兰的东南部地区的克里米亚、卢甘斯克州、顿涅茨克州、哈尔科夫州、扎波罗热州、敖德萨州、第聂伯罗彼得罗夫斯克州和赫尔松州。

犹太族的人口数量在乌克兰占第3位，占全国总人口的1%左右。大多数犹太人居住在基辅市、敖德萨州、切尔诺维策州、哈尔科夫、州日托米尔州、文尼察州和第聂伯罗彼得罗夫斯克州，而且犹太人主要居住在城市里，农村很少有犹太人。乌克兰的白俄罗斯族有40万，占乌克兰总人口的0.8%。白俄罗斯族主要居住在乌克兰各地的城镇里，由于历史和政治上的原因，白俄罗斯族与乌克兰族普遍存在混居现象，在有些地区则相对集中居住。白俄罗斯族相对集中居住的地区为顿涅茨克州、第聂伯罗彼得罗夫斯克州、卢甘斯克州、尼古拉耶夫斯克州、哈尔科夫州、扎波罗热州和基辅市。摩尔多瓦族主要分布在靠近摩尔多瓦共和国的乌克兰南部的敖德萨州。人口有30万人，占乌克兰全国人口的0.7%。保加利亚族共有23万人，占乌全国人口的0.5%，他们主要分布在敖德萨州。波兰族总共有22万人，占乌全国人口的0.4%，主要居住在靠近波兰的利沃夫州、沃伦州和赫梅利尼茨基州。匈牙利族和斯洛伐克族主要居住在外喀尔巴阡州，罗马尼亚族主要居住在切尔诺夫策州，而鞑靼族则主要居住在克里米亚半岛。

三、语言和教育

语言：乌克兰的官方语言为乌克兰语。乌克兰语是从1000多年前基辅罗斯时代的古罗斯语发展而来，使用西里尔字母，与俄罗斯语、白俄罗斯语同属东斯拉夫语系，但彼此之间在字母拼写以及单词发音方面都存在很多差异（如乌克兰语中有字母i和ï，而不是俄语中的э和ы）。此外，由于历史上波兰曾经长期统治乌克兰西部地区，所以乌克兰语与波兰语的很多单词在发音上很接近，但波兰语使用拉丁字母拼写。公元9~15世纪，乌克兰语的前身——古罗斯语曾经是基辅罗斯（9~13世纪）和立陶宛大公国（公元14~15世纪）的官方语言，在沙皇俄国和波兰统治期间（公元16~19世纪）乌克兰语大多数时间仅是作为乌克兰族人之间的民间交流用语而存续，或者说是作为一种被经常定义为"小俄罗斯语"的方言而存在。从18世纪末期开始，乌克兰语逐渐发展成为一种书面语言。1798年科特里亚列夫斯基尝试用乌克兰语写作长诗《爱涅阿斯记》并出版，向世人证明，乌克兰语不是"农民语言"，用乌兰语是同样可以写作出高雅的文学作品。1818年，阿尔乔木维奇用乌克兰语发表了《老爷与狗》一书，用生动的乌克兰语寓言故事抨击农奴制度。1818年，帕夫洛夫斯基的《小俄罗斯语方言语法》一书问世，是乌克兰语的第一部语法书，对乌克兰语的语法进行了详尽的描述。19世纪中期之后，得益于乌克兰民族诗人和作家马克西莫维奇、舍甫琴科等人的贡献，以及圣基里尔—梅福迪兄弟会和"格拉玛达"等组织的不懈努力，乌克兰语作为一种书面语言得到不断继承和发展。但20世纪以后，在苏联统治期间，俄语作为官方语言，在乌克兰获得广泛使用，乌克兰语的使用范围很少。1991年8月乌克兰独立后，乌克兰语成为官方语言，俄语的使用开始锐减。目前，乌克兰语在乌克兰的新闻、出版、文化教育、广播电视等领域均占据绝对主导地位。

教育：乌克兰居民教育水平普遍较高，这主要得益于苏联时期对教育事业的高度重视。1920年时，乌克兰9~49岁的居民识字率只有51.9%，到1979年已达到99.9%。在20世纪50年代初，已基本实现了全民识字，在50年代乌克兰居民的智力潜力水平曾占世界第3位。乌克兰的教育理论也得到很大发展，乌克兰杰出的教育家苏霍姆林斯基的教育理论，在苏联乃至在全世界都享有盛名，并对乌克兰教育事业的发展发挥了积极作用。

乌克兰实行国家管理和社会自治相结合的教育管理体制。教育与科技部是国家教育主管部门，参与制定国家教育、科学和干部职业培训法规，制定教育发展纲要、国家教育标准和教育工作的具体政策，统筹全乌教育工作。

地方教育由地方权力执行机构及地方自治机构负责管理并建有专门的管理机构，学前教育、基础教育、校外教育机构及中等师范学校均隶属上述机构。地方教育管理机构负责向其所属学校拨款，为教育工作者及青少年提供社会保障，为学生就近入学并接受教育创造必要条件。高等教育的主要投资方式是国家预算拨款，国家每年按照不低于国民收入10%的比例提供教育拨款。

乌克兰的教育体制主要由学前教育、普通中等教育、职业技术教育、高等教育、副博士研究生教育、博士研究生教育组成，在每1000名15岁以上居民中，受过高等和中等（完全或不完全）教育的人数为900人。截至2015年底，乌共有979所高校，基辅大学（1834年创立）、基辅工学院（1898年创立）、哈尔科夫大学（1805年创立）、利沃夫大学（1661年创立）、利沃夫工学院（1844年创立）为国际知名学府。此外，乌克兰还有国家科学院等1600余所科研机构。截至2015年底，乌克兰中小学教师约55万人，高等院校教师约12万人，其中博士约7000人，副博士约4万人，教授6千人，副教授约3万人，中学生650多万人，职业技术学校966所，在校生52万人。

四、宗教：乌克兰主要宗教有东正教（莫斯科牧首东正教、基辅牧首东正教和乌克兰自主正教）、天主教、基督新教、犹太教

东正教：公元988年，基辅罗斯的弗拉基米尔大公娶拜占庭帝国的安娜公主为妻，宣布基督教为国教，成立"基辅和全罗斯教区"，受君士坦丁堡宗主教领导。1054年基督教分裂为以罗马为中心的天主教和以君士坦丁堡为中心的东正教后，基辅罗斯成为东正教的基辅大主教辖区。1240年基辅被蒙古骑兵摧毁后，"基辅和全罗斯"大主教于1299年离开基辅前往北方的弗拉基米尔，后于1326年移至莫斯科，莫斯科开始成为"基辅和全罗斯"大主教驻地。与此同时，1303年君士坦丁堡宗主教同意在加利西亚—沃伦公国设立大主教区，14世纪初，立陶宛大公盖迪米纳斯占领沃伦和基辅地区后，要求君士坦丁堡在诺沃戈洛德克设立新的主教区，1448年莫斯科东正教都主教拒绝服从君士坦丁堡，宣告成立"独立"的罗斯东正教大主教区，1458年君士坦丁堡宗主教在立陶宛大公国统治的今天的乌克兰大部分地区设立"基辅、加利西亚和全体罗斯"大主教区，大主教常驻诺沃戈洛德克，与莫斯科的罗斯东正教大主教区分离，直接隶属于君士坦丁堡。1654年以后，今天的东乌克兰的大部分地区处于沙皇俄国的统治，基辅大主教区又逐步脱离君士坦丁堡，于1686年开始隶属于莫斯科的东正教大牧首。但仍有许多东正教教徒反对隶属于莫斯科的东正教大牧首，1919年在西乌克兰地区建立独立的乌克兰东正教教会，即乌克兰自主正教。虽然是独立教会，但乌克兰自主正教仍保留了许多与其他东正教会相同的仪式，但其主教具有很大的独立地位，不隶属上级主教。苏维埃时期，乌克兰自主正教被宣布为非法，所有东正教教堂和教会财产均归莫斯科牧首东正教，受莫斯科的东正教大牧首领导。进入20世纪80年代末，随着乌克兰争取独立步伐的加快，被禁止和处于地下的乌克兰自主正教重新开始活动。1989年8月19日利沃夫圣彼得大教堂的神职人员宣布该教堂为乌克兰自主正教教堂。1990年6月16日流亡在国外的乌克兰自主正教代表姆斯季斯拉夫在基辅被选为乌克兰自主正教牧首，同时在基辅确立了乌克兰正教基辅大主教区。1992年，隶属于莫斯科的乌克兰东正教会出现分裂，一部分东正教徒宣布建立独立于莫斯科东正教牧首的乌克兰民族教会，即乌克兰东正教，设立基辅大牧首。这样在乌克兰，东正教分成莫斯科牧首东正教和基辅牧首东正教以及乌克兰自主正教。乌克兰的莫斯科牧首东正教宗教礼仪使用俄语，而基辅牧首东正教和乌克兰自主正教的宗教礼仪则使用乌克兰语。1992年以来，乌克兰自主正教与基辅牧首东正教之间就组成统一的乌克兰东正教会一事进行了多次谈判，并曾一度联合，但后因主教之间的分歧再次分裂，2015年6月双方重启合并谈判。目前，东正教教徒占乌克兰总人口65%左右，其中基辅牧首东正教和乌克兰自主正教信徒约占60%，莫斯科牧首东正教教徒占40%。

天主教：西部乌克兰在宗教信仰上受天主教的影响较大，天主教的广泛传播始于1569年卢布林条约签订之后。根据该条约，今天乌克兰中西部大部分地区归属波兰—立陶宛联合王国。而波兰—立陶宛联合王国的国教是天主教。

波兰通过 1596 年布列斯特教会联合建立一个新的希腊礼天主教会（在保持东正教仪式的同时承认罗马教皇对教会的领导），以使 16 世纪末生活在今天乌克兰土地上的东正教教徒认同天主教，逐步摆脱对莫斯科的俄罗斯东正教大牧首的信仰。在波兰国王和贵族的支持下，天主教在今天乌克兰中西部地区的影响得到不断发展和扩大，大量东正教信徒纷纷改信天主教。在沙皇俄国统治期间，天主教受到压制。在苏联时期，因天主教与乌克兰民族主义者的联系，天主教会在 1946 年被苏联政府取缔。1946 年开始至 20 世纪 80 年代末，乌克兰天主教处于地下状态。80 年代中期，乌克兰天主教的活动逐渐从地下状态转为半公开状态。1989 年乌克兰成立了"保卫乌克兰天主教委员会"，同年 9 月 17 日数千名居民响应该委员会号召上街游行，要求乌克兰天主教会合法。而后，要恢复乌克兰天主教合法性呼声越来越高，活动越来越多。1991 年 3 月 30 日，流亡在罗马 50 年之久的乌克兰天主教大主教鲁巴切弗斯基返回乌克兰西部大城市利沃夫，受到数万教徒的欢迎。1992 年，乌克兰天主教恢复合法后，信教人数逐年增加，特别是在中西部地区。许多侨居国外的天主教神职人员纷纷返回乌克兰建立宗教学校，进行传教活动。目前，乌克兰的天主教会有教徒 600 多万，占乌克兰总人口 15% 左右，其中希腊礼天主教会教徒人数占天主教总人数的 70% 左右。

  基督新教：基督新教是乌克兰除东正教和天主教之外的第三大宗教教派。最早的新教浸礼派教会于 1870 年开始进入乌克兰。浸礼派教会的主要特点是不承认对幼儿的洗礼，强调被洗礼人要有自觉意识。乌克兰独立以来，包括浸礼教会和摩门教会在内的基督新教获得迅速发展。目前大约有信徒 130 万人，以城市居民为主。

  犹太教：犹太教是乌克兰的第四大教派。哈希德派犹太教于 1740 年在乌克兰创立，1800 年乌克兰有 300 万犹太人。但是，在第二次世界大战期间，大部分犹太人惨遭纳粹屠杀，幸存者纷纷移民到以色列和美国，目前犹太教徒仅占乌克兰人口 1% 左右。

第一章 远古时代

第一节 原始部族和奴隶制城邦

一、早期人类遗迹

乌克兰是一个年轻的国家，同时也是一个拥有悠久历史的国家。在今天的乌克兰境内，考古发现最早的人类遗迹可以追溯到距今100万年以前的旧石器时代早期（在今天乌克兰外喀尔巴阡的卡洛列瓦村和吉萨河畔的阿舍利文化遗址①）。在今天乌克兰境内的喀尔巴阡山和杰斯纳、德涅斯特河畔的考古发现大量距今15万~10万年前的旧石器时代中期的莫斯特文化遗址②，在乌克兰德涅斯特、日托米尔、外喀尔巴阡山地区发现了距今10万~3.5万年前旧石器时代中期人类居住点和古人类生活的遗迹（如石制武器、原始工具、墓葬等）。在第聂伯河和德涅斯特河流域发现的古人类生活遗迹表明，在旧石器时代中期原始人类就已经散居在现代乌克兰领土所属地域的大部分地区。而在德涅斯特河、捷斯纳河、在基辅、波尔塔瓦等地区的考古发现表明，在距今3.5万~1万年前的旧石器时代晚期，原始人类足迹已遍布现代乌克兰领土的全境。③

---

① 阿舍利文化（Acheulian）旧石器时代早期文化，因最早发现于法国亚眠市郊的圣阿舍尔而得名。已知最早的阿舍利文化遗存在非洲，年代距今约150万年。
② 莫斯特文化是欧洲、西亚、中亚和东北非的旧石器时代中期文化。因最早发现于法国多尔多涅省莱塞济附近的勒穆斯捷岩棚而得名。该文化约始于15万年前，盛行于8万~3.5万年前。
③ 古博列夫著：《乌克兰历史》，顿涅茨克BAO出版社2009年版，第3~4页。

二、特里波里文化①

基辅附近特里波里村考古发现的村址遗迹、墓葬、窖藏和彩陶等物品表明，在公元前3000年左右居住在今天乌克兰境内的古人类已经处于新石器时代和青铜器时代的过渡时期，他们在使用石器工具的同时已经开始加工青铜器。他们居住在第聂伯河、德涅斯特河、布格河谷，建起可容纳600~700人居住的大型村落，他们的住房已经具有很高的建筑工艺水平，许多家庭共同居住在用栅栏和单独隔间隔开的长方形房屋中，每个家庭有自己单独的隔间，使用黏土掺和杂草垛成的灶台，使用石器和木质的钻孔磨碎器皿，并使用木犁进行大面积耕作②。

三、基麦里人、萨尔玛特人和希腊、罗马奴隶制城邦国家

考古学家认为公元前2000年左右来自黑海沿岸的游牧部落——基麦里人开始进入第聂伯沿岸地区，公元前2000~1000年初，基麦里人在东欧草原地带定居，出现阶级社会并对小亚细亚各部落进行远征。最早记录基麦里人在今天乌克兰的土地上定居的文献见于荷马史诗《奥德修记》，荷马称黑海北岸地区（今天乌克兰南部黑海沿岸）为"基麦里人的地方"。然而荷马并没有告诉我们关于基麦里人的任何情况，尽管许多学者综合多方考证，认为基麦里人是娴熟的骑手，并使乌克兰进入铁器时代。③ 公元前7世纪末，基麦里人所控制的顿河和德涅斯特河之间的大部分地区被来自克里米亚和黑海沿岸的斯基泰人占领（斯基泰人，又称西徐亚人，公元前7世纪~3世纪黑海北岸的古老部落，从事农业、畜牧业、金属加工，并与黑海北岸的古代城市国家进行贸易，公元前4世纪建立起斯基泰国家，都城为那波利，后被哥特人所灭，斯基泰人与古代其他部落同化，留下许多古墓、古城遗址等④）。公元前3世纪，居住在托博尔至伏尔加河流域的游牧部落联盟——萨尔玛特人逐步将斯基泰人逐出

---

① 特里波里文化（公元前3000~前1800年），是处于新石器时代和青铜器时代的过渡时期的一种文化。最初发现于基辅附近的特里波里村，故名。经济生活以农牧业为主，兼营渔猎。生产工具主要是石器和骨器，也有少量的红铜器。有发达的制陶业和纺织业。陶器往往施有彩绘。在村落遗址中，有规模颇大的集体居室，常伴有陶制女子雕像，可视为母系社会特征，晚期开始向父系社会过渡。
② 思科利昂连科主编：《乌克兰概览》，哈尔科夫FOLIS出版社2008年版，第57~58页。
③ 保罗·库比塞克著：《乌克兰史》，中国大百科全书出版社2009年版，第18页。
④ 《苏联百科辞典》，中国大百科全书出版社1986年版，第1408页。

黑海北岸，萨尔玛特人大多是勇猛的武士，曾与罗马帝国和外高加索各部落进行战争。然而，萨尔玛特人在黑海北部地区的统治不断遭到来自欧亚大草原西进游牧部落的挑战，公元4世纪，萨尔玛特人被东方的匈奴人、北方的日耳曼哥特人和西部的罗马人所取代。

当基梅里亚人和萨尔玛特人控制今天乌克兰境内大部分地区时，古希腊人也于公元前7～5世纪在黑海北部和亚速海沿岸地区陆续建立了一些奴隶制城邦国家，包括位于德涅斯特河口的蒂拉（现为乌克兰城市别尔格罗德—德涅斯特罗夫斯克市）和第聂伯—布格湾的奥利维亚（现在乌克兰尼古拉耶夫市以南帕努基诺村附近存有堡垒、铭文、祭品等遗迹）①，公元前5世纪在黑海的刻赤和塔曼半岛上出现了博斯普鲁斯奴隶制城邦国，首都为潘蒂卡派，由希腊殖民城市法纳格利亚、格尔吉皮亚、菲奥多西亚等组成，先后有阿尔赫那克王朝（公元前480～公元前438年）和斯巴托克王朝（至公元前107年）。②公元1世纪左右黑海北部沿岸的一些希腊城邦国又沦为罗马帝国的附庸，公元3世纪后，在哥特人和匈奴人的进攻下，古希腊罗马城邦国家不断衰落并最终消亡。

第二节 东斯拉夫部落联盟

一、早期的东斯拉夫人

考古发现表明，公元5～7世纪在喀尔巴阡山脉以东、普里皮亚特沼泽地、第聂伯河和流入黑海的各河流之间地区，即今天乌克兰的大部分土地上，存在若干古斯拉夫人的部落。

关于古斯拉夫人最早的文字记载见于公元1世纪末和2世纪初的古罗马文献。普林尼在其著作《自然史》中提到在维斯瓦河一带除居住着萨尔马特人、斯基泰人外，还有维内德人。塔西佗在《日耳曼尼亚志》一书中，也把生活在古代日耳曼人东边的居民称为维内德人。据考证，维内德人即古斯拉夫人，他们在公元5世纪前主要居住在西起奥得河、东抵第聂伯河、南至喀尔巴阡山、北濒波罗的海的广大地区。

---

① 《苏联百科辞典》，中国大百科全书出版社1986年版，第30页、第74页。
② 《苏联百科辞典》，中国大百科全书出版社1986年版，第192页。

公元5~6世纪时，日耳曼人受东进的匈奴人驱赶被迫西移，连锁式地引发了斯拉夫人的大迁徙：斯拉夫人向西进入奥得河和易北河—萨勒河之间的地区，向南进入波希米亚、摩拉维亚、匈牙利、巴尔干地区，向北则沿着第聂伯河上游迁移。斯拉夫人逐步分化为3大支系：西斯拉夫人，主要在易北河、奥得河和下维斯瓦河一带活动，他们后来发展为波兰人、捷克人和斯洛伐克人的祖先；南斯拉夫人，他们向西南方向迁徙，越过喀尔巴阡山，直达巴尔干半岛，南斯拉夫人是保加利亚人、塞尔维亚人、克罗地亚人，斯洛文尼亚人的祖先；东斯拉夫人，定居在第聂伯河流域、楚德湖、伊尔明湖地区，往东至伏尔加河和奥卡河上游地区，后来发展成俄罗斯、乌克兰和白俄罗斯等民族。

直到6世纪，东斯拉夫人仍处于原始公社制阶段，但已出现比较巩固的军事组织，部落会议在原始民主生活中起着重大作用。农业已成为东斯拉夫人的主要生产活动，同时从事畜牧业、渔业和养蜂业。各种手工业，如冶金、纺织、皮革、木工、制陶等也有发展。东斯拉夫人的住房比较简陋，主要居住在一半在地上、一半在地下的木结构土房所组成的小村落中，住地大都选择在山林水泽附近。通过对出土的众多文物和地下遗址的考证，考古学家发现斯拉夫人住房中炉子大多放在屋角（日耳曼人放在房屋正中），屋内出土大量粗糙的泥铸瓦罐残片表明东斯拉夫人属于"制罐者"部落（有别于日耳曼人的"制钵者"部落）。①

东斯拉夫人同日耳曼人一样，有着牢固的村社制度，但没有广泛使用奴隶，战俘可以享受自由人的待遇。东斯拉夫人各个部落经常联合组成部落联盟，进行反抗拜占庭和阿瓦尔人的战争，其中主要的部落联盟是以基辅为中心的波利安人部落联盟和居住在杰斯纳河、谢伊姆河流域的塞维里安人部落联盟。

二、东斯拉夫部落联盟

居住在德涅斯特河和第聂伯河以及北顿涅茨克之间的波利安人部落首领基伊于公元482年建立基辅城，基伊与其兄弟谢克和霍立夫共同统辖基辅及其周边疆域。基辅位于第聂伯河岸边，交通便利，人们在那里的集市买卖交换粮食、牲畜、武器、装饰品和布料，基辅逐步成波利安人部落联盟的政治和经济

---

① 阿尼西莫夫著：《俄罗斯史：从留里克到普京》，俄罗斯圣彼得堡出版社2007年版（译文参见《俄罗斯历史故事集》，王尊贤译，东方出版社2009年版，第4页）。

中心。波利安人以农牧业为主,还发展了各种手工业,与拜占庭帝国进行贸易,以粮食、木材换回武器和细布等,信奉多神教。

公元602年,基辅的波利安人部落联盟被统治中东欧大部分地区的突厥部落阿瓦尔人所击败,被迫臣服于阿瓦尔帝国,向阿瓦尔国王缴纳贡赋。公元9世纪早期,阿瓦尔帝国没落,包括基辅的波利安人和其他居住在今天乌克兰南部的几个斯拉夫部落被突厥可萨汗国所征服,可萨人(又称哈扎尔人)开始向波利安人、赛维里安人和维亚吉奇人征收贡赋。[1] 与此同时,来自斯堪的纳维亚半岛的瓦良格人[2]也不断通过武力征服众多东斯拉夫部落,瓦良格人向楚德人、斯洛维涅人、莫利亚人和所有的克里维奇人征收贡赋。[3]

在与南方游牧民族可萨人和北方亦商亦盗的瓦良格人的交往和争斗中,许多斯拉夫部落联盟已经具备了建立早期封建国家的经济和政治前提,这些部落联盟的王公也拥有了封建君主的权力。[4] 正如诺索夫在其主编的《苏联简史》中所指出的那样:"实际上斯拉夫的国家形式早在9世纪之前,即在瓦良格人或诺曼人入侵东欧之前,就已经开始形成了。"[5] 因此,在来自斯堪的纳维亚半岛的瓦良格人出现在基辅前,今天的乌克兰土地上波利安人部落联盟就已经具有君主制国家的许多特征了。

---

[1] 王钺:《往年纪事译注》,甘肃人民出版社1994年版,第43~45页。
[2] 8~11世纪到欧洲大陆各国进行贸易和抢劫商船的斯堪的纳维亚半岛上的居民,古罗斯称之为瓦良格人,西欧则称之为诺曼人或维京人。
[3] 王钺:《往年纪事译注》,甘肃人民出版社1994年版,第43~45页。
[4] 曹维安:《俄国史新论》,中国社会科学出版社2002年版,第28页。
[5] 诺索夫主编:《苏联简史》第一卷(上册),生活．读书．新知三联书店1977年版,第44页。

第二章 基辅罗斯和加利西亚—沃伦公国

第一节 基辅罗斯

一、基辅罗斯的建立

公元862年，来自斯堪的纳维亚半岛的瓦良格大公留里克南下在今天俄罗斯西北部的拉多加湖畔定居，随后又溯沃尔霍夫河而上直达伊尔门湖，兴建诺夫格罗德城，统辖周边全部疆域。公元864年，瓦良格贵族阿斯科尔德和基尔率兵来到第聂伯河畔，占领基辅城，迫使居住在这一地区的波利安人部落利亚克人（拜占庭史料中对基辅波利安部落的称谓）臣服。公元879年，留里克去世，诺夫哥罗德的政权并未传与他年幼的儿子伊戈尔，而是传给留里克的亲戚、拉多加的瓦良格人首领奥列格，作为伊戈尔的摄政。公元882年，奥列格进攻并占领基辅，处死基辅的统治者阿斯科尔德和基尔，成为基辅的实际统治者，并依靠军事力量建立了以基辅为中心的罗斯国家。[①] 从拉多加至基辅的东斯拉夫各个部落的疆土历史上首次统一由一个王公领导，形成了瓦良格人—斯拉夫人国家—基辅罗斯国。"罗斯"一词最早来源于斯堪的纳维亚半岛的瑞典语 Roods，与芬兰语单词 Ruotsi 接近，原意是指斯堪的纳维亚半岛维京海盗船的桨手，后来被斯拉夫人用于称呼瓦良格人；基辅罗斯国最初是指瓦良格大公奥列格在基辅建立的国家，但随着瓦良格人与东斯拉夫人的融合，人们开始将东斯拉夫人、他们的疆域及其上所建立的国家统称为罗斯。[②] 奥列格是第一个

[①] 关于古罗斯国家建立的最初历史可参阅1113年基辅—别切尔修道院修士涅斯托尔编纂的《往年纪事》（王钺：《往年纪事译注》，甘肃人民出版社1994年版）。

[②] 阿尼西莫夫著：《俄罗斯史：从留里克到普京》，俄罗斯圣彼得堡出版社2007年版（译文参见《俄罗斯历史故事集》，王尊贤译，东方出版社2009年版，第7页）。

被历史证实的罗斯统治者,他的统治延续到912年。① 公元912~945年,奥列格的继任者伊戈尔统治基辅罗斯公国,公元945年,伊戈尔前往德列夫利安人的居住地伊斯科罗斯坚城收取贡赋时死于非命。② 公元945~957年,伊戈尔的妻子奥莉加作为他们儿子斯维亚托斯拉夫的摄政统治基辅罗斯公国,奥莉加以机智和擅长外交著称,不仅通过巧妙手段火烧伊斯科罗斯坚城为伊戈尔大公报仇雪恨,而且与拜占庭皇帝结为盟友,公元955年,奥莉加受到拜占庭皇帝君士坦丁七世的接见并接受洗礼皈依基督教。公元957年,伊戈尔与奥莉加的儿子斯维亚托斯拉夫年满16岁,奥莉加将政权禅让与他。斯维亚托斯拉夫是一位杰出的勇士,他击败了斯拉夫诸部落、伏尔加布加尔人和可萨人,将基辅罗斯公国的疆域扩展到伏尔加河、喀尔巴阡山脉和北高加索山脉。他于公元968年与拜占庭结盟,攻陷了今罗马尼亚和保加利亚境内多瑙河领域多个城市。公元972年,斯维亚托斯拉夫在回撤基辅的途中被游牧部落佩切涅格人伏击毙命。斯维亚托斯拉夫死后,他的三个儿子为争夺王位发生内讧,长子雅罗波尔克在杀死二弟奥列格后暂时确立了自己对基辅罗斯公国的统治,三弟弗拉基米尔逃亡斯堪的纳维亚半岛避难。

二、基辅罗斯:由盛至衰

公元980年,弗拉基米尔③在斯堪的纳维亚半岛的瓦良格军事力量帮助下,推翻雅罗波尔克的统治,成为基辅罗斯的新大公。他的统治将基辅罗斯的历史带入一个新的时代,社会经济和文化高度发展,领土面积不断扩充。公元988年,弗拉基米尔娶拜占庭帝国的安娜公主为妻,宣布基督教为国教。在弗拉基米尔大公统治时期,基辅罗斯的人口达到500余万,疆界空前广阔,基辅罗斯达到鼎盛时期,成为当时欧洲最大的国家。基辅罗斯与拜占庭、西欧北欧各国、东方阿拉伯各国有着频繁的贸易关系,基辅城也被誉为第聂伯河上的"帝王之城"。公元1015年7月15日弗拉基米尔逝世,基辅罗斯重新陷入政治动荡之中,弗拉基米尔的12个儿子展开对罗斯统治权的争夺,长子斯维亚托

---

① 保罗·库比塞克著:《乌克兰史》,中国大百科全书出版社2009年版,第22页。
② 阿尼西莫夫著:《俄罗斯历史故事集》,王尊贤译,东方出版社2009年版,第12页。
③ 弗拉基米尔(958~1015年),基辅罗斯大公,被后世尊称为弗拉基米尔大帝,他在位期间极大地扩展了基辅罗斯的版图,统一了众多斯拉夫部落,使基辅罗斯成为当时东欧最强大的国家。

波尔克杀害了3个弟弟以图确定对罗斯公国的统治,他的兄弟雅罗斯拉夫①带领瓦良格雇佣兵于1019年在阿里马河会战中打败了斯维亚托波尔克,占据基辅,公元1024年,雅罗斯拉夫被自己另一个兄弟姆斯季斯拉夫击败,双方达成协议,共同统治基辅罗斯:雅罗斯拉夫坐镇诺夫哥罗德,姆斯季斯拉夫占据切尔尼科夫。公元1036年,姆斯季斯拉夫去世,雅罗斯拉夫成为基辅罗斯唯一的统治者。"智者"雅罗斯拉夫在位时期(公元1036~1054年),通常被视为基辅罗斯历史的巅峰,领土面积进一步扩大,其边界西至喀尔巴阡山脉,北至波罗的海,南至黑海,东至高加索山脉,人口达900万~1000万,修建多达400余座教堂,包括今天被列入联合国世界文化遗产的基辅圣索菲亚大教堂②和基辅别切尔洞窟修道院,③产生首位非希腊人的罗斯大主教——伊拉里昂和首部法典《罗斯法典》④。据当时出访基辅罗斯的法国使团报告称"罗斯更加统一、强大和繁荣,比法国更加文明"⑤。1054年雅罗斯拉夫死后,基辅罗斯的黄金时代旋即告终,罗斯公国开始由盛至衰。虽然雅罗斯拉夫的孙子莫诺马赫于1093~1125年短暂恢复了基辅的部分荣耀,但1125年莫诺马赫去世后,基辅罗斯进一步分裂,出现了封建王公纷纷割据的局面,形成了若干个罗斯公国,其中加利西亚公国和沃伦公国占有重要的地位。13世纪上半期,蒙古鞑靼人入侵东欧,于1240年占领了基辅,基辅罗斯公国大部分地区被蒙古金帐汗国征服。在蒙古金帐汗国统治时期,在每一公国内又形成许多小的公国,封建割据又进一步加剧,但加利西亚—沃伦公国未遭受蒙古统治,并发展

---

① 雅罗斯拉夫(978~1054年),基辅罗斯历史上最伟大的统治者之一,被称为贤者雅罗斯拉夫,他在位期间基辅罗斯达到文化和军事力量的巅峰。

② 索菲亚大教堂,建于1017年或1037年(时间有争议,一般说是建于1037年),巴洛克式建筑风格,是基辅罗斯大公雅罗斯拉夫当政时期建立,建立初期为中世纪拜占庭风格的东正教教堂,教堂长37米,宽55米,高29米,是基辅罗斯的宗教、政治和文化中心;罗斯的大主教居住于此,大公在这里接见外国使节,签订国际条约。后历经多次翻修后形成巴洛克式建筑风格并一直保存至今。1990年被列入世界遗产目录。

③ 别切尔修道院,又称洞窟修道院,是基辅罗斯的重要宗教圣地和宗教文化中心。因拥有一个深达数千米的人工洞窟而得名。始建于1051年,历代续有增修。洞窟曾用作防御工事,内建有教堂、墓地和经房;洞窟上的地面建筑是一座以高达97米的钟楼为主体的大教堂。寺院中修士曾编写多种著作,尤以11~12世纪编纂的《往年纪事》最为珍贵,是研究基辅罗斯历史的重要资料。

④ 《罗斯法典》,记录11~12世纪古罗斯的法律汇编,主要来源于东斯拉夫人习惯法、罗斯王公法院法令和法院判例,是古罗斯国家社会、经济、政治发展的真实记录,为后世提供了研究古罗斯社会、政治、经济状况的真实材料。

⑤ 保罗·库比塞克著:《乌克兰史》,中国大百科全书出版社2009年版,第26页。

成为当时最强大的公国之一。

第二节　加利西亚—沃伦公国

一、加利西亚—沃伦公国

加利西亚地区在喀尔巴阡山东部山麓，德涅斯特河和普鲁特河上游之间，东、北、西、南分别与沃伦公国、立陶宛、波兰、匈牙利相邻。沃伦在普里皮亚季河和西布格河之间，西、南邻加利奇亚，东邻基辅公国，北邻立陶宛。12世纪初，加利西亚的土地上有很多小公国。1144年沃洛季米尔科大公将这些小公国统一成为加利西亚公国，定都德涅斯特河上的加利西亚城①。1171年沃伦公国被分割成两部分，西部以弗拉基米尔城为都城，称弗拉基米尔—沃伦公国；东部以卢茨克城为都城，称卢茨克公国。② 1199年，弗拉基米尔—沃伦王公罗曼·姆斯季斯拉维奇夺取了加利西亚，这是统一的加利西亚—沃伦公国的开始。③ 罗曼多次亲征波洛伏人，还积极向立陶宛扩张、介入波兰内争、与匈牙利订立了和平条约、与拜占庭帝国建立了外交关系。1205年，罗曼在维斯拉河畔与波兰人交战时阵亡。1214年，波兰和匈牙利瓜分了加利西亚，匈牙利占据了加利西亚城和大部分领土。罗曼大公的儿子丹尼洛和瓦西里科则保有沃伦。1245年，丹尼洛击败波兰和匈牙利，重新夺回了加利西亚，丹尼洛把沃伦让给瓦西里科，形成了兄弟二人共治的局面。与此同时，1240年，蒙古军摧毁基辅。1241年，蒙古军穿过加利西亚和沃伦，向西进入波兰和匈牙利。1242年，蒙古人东返，再次经过加利西亚和沃伦。1243年，蒙古人定都萨莱，建立金帐汗国。1246年，丹尼洛接到金帐汗国诏令，赴萨莱朝觐。1264年丹尼洛去世，其子列夫继位。1270年，列夫迁都利沃夫。1271年，沃伦公国大公瓦西里科去世，其子弗拉基米尔继位。1289年，沃伦公国大公弗拉基米尔死，身后无嗣，把沃伦公国王位传给列夫弟弟姆斯季斯拉夫。1301年，加利西亚大公列夫去世，其子尤里继位。此时沃伦王公姆斯季斯拉夫已死，尤里遂将沃伦置于自己治下。1315年，尤里去世，他的两个儿子安德烈和列夫继位，

---

① 思科利昂联科等著：《乌克兰概览》，哈尔科夫FOLIS出版社2008年版，第72页。
② 《乌克兰大百科全书》，基辅MAXAOH出版社2009年版，第76页。
③ 《乌克兰大百科全书》，基辅MAXAOH出版社2009年版，第77页。

共同执政。1323年,安德烈和列夫双双战死,他们的姑表兄弟、尤里外孙、波兰王公博列斯瓦夫继位,继位后称尤里二世,1340年尤里二世被波雅尔贵族毒死。

从丹尼洛到列夫,加利西亚—沃伦公国保持了近百年的强势,在与邻国的争斗中尽占上风。这主要是因为其外部环境比较有利,其邻国(也是其主要敌人)匈牙利、波兰、立陶宛都因蒙古人的打击所削弱,都处于自顾不暇的弱势:匈牙利放弃了向喀尔巴阡以北的扩张,波兰分裂为若干纷争不已的小公国,而蒙古人后来也陷入内部的权力斗争。波兰内讧后,丹尼洛积极介入波兰事务,力图使波兰不能重新出现足够强大的力量;在北方,丹尼洛大力打击陶宛人。丹尼洛死后,列夫继续以充沛的精力扩张领土,从匈牙利、波兰、立陶宛夺取不少领土,使加利奇公国的疆界扩大到前所未有的范围。特别需要指出的是,1292年,从匈牙利夺取外喀尔巴阡地区的一部分(主要是东斯拉夫人居住的外喀尔巴阡地区)。进入14世纪,波兰和匈牙利恢复了元气,立陶宛逐渐崛起,14世纪中期,立陶宛占领了基辅周围和沃伦公国的大部地区,波兰取得了加利西亚和沃伦公国的西部,独立的加利西亚—沃伦公国不复存在。

二、"乌克兰"的由来及乌克兰民族的形成

公元12~14世纪,在基辅罗斯的土地上出现封建王公割据的局面,形成了若干个罗斯公国,12世纪在罗斯的土地上存在大约15个公国,13世纪增加到50个公国,而到了14世纪,则多达200余个公国①。12世纪初"乌克兰"一词开始作为一个地理概念出现,其最初含义是"边区",指的是基辅之外的佩利亚斯拉夫和部分加利西亚地区。② 13世纪以后"乌克兰"这一称谓扩展到第聂伯中游沿岸地区和加利西亚、沃伦等现今乌克兰的大部分地区,并逐渐演变成民族概念、地理概念和语言文化概念。③ 1240年蒙古骑兵攻占基辅,基辅罗斯公国大部分地区被蒙古金帐汗国征服。加利西亚—沃伦公国仍继续独立存在了100多年,是在今天的乌克兰土地上继基辅罗斯之后存在的第二个国家实体,被许多人认为是基辅罗斯国家和文化传统的延续与继承,对乌克兰民族

---

① 《乌克兰大百科全书》,基辅MAXAOH出版社2009年版,第74页。
② 《苏联百科辞典》,中国大百科全书出版社1986年版,第1380页。
③ 马贵友主编:《列国志·乌克兰》,社会科学文献出版社2003年版,第38页。

特征的继承和发展起到了重要作用。在13~14世纪加利西亚—沃伦公国保持了领土的相对完整,在与蒙古金帐汗国、波兰、匈牙利和立陶宛大公国之间的政治斡旋和军事斗争中,促进了生活和居住在今天乌克兰土地上广大罗斯人共同民族特性的形成和发展,他们逐渐拥有了自己的语言文字、宗教信仰,并具有独特的社会文化和政治经济生活特征。虽然在后来的几百年时间里,这些罗斯人及其后裔未能独立建立国家,但这种民族特性却在他们争取民族独立的斗争中得到了不断的延续和发展。

第三章 立陶宛和波兰的统治与哥萨克时代

第一节 立陶宛和波兰的统治

1320~1772 年，今天乌克兰的大部分地区先后被立陶宛和波兰统治，这种状态持续了 450 多年，直至 1772 年波兰第一次被瓜分。

一、立陶宛和波兰对乌克兰的占领

14 世纪初，立陶宛成为东欧大国，1320 年，立陶宛大公盖迪米纳斯（公元 1316~1341 年）占领了沃伦和基辅地区的大部分土地，罗斯公国一些王公开始脱离了蒙古金帐汗国投靠了立陶宛大公国，加利西亚—沃伦王国大公尤里二世娶了盖迪米纳斯大公的女儿为妻，盖迪米纳斯大公的小儿子柳巴尔特大公娶了加利西亚—沃伦公国的长公主为妻（尤里二世的表姐，前任大公安德烈的女儿）。1340 年尤里二世被波雅尔贵族毒死后，柳巴尔特大公成为加利西亚—沃伦公国的实际统治者。[1] 1341 年，盖迪米纳斯大公的大儿子奥利戈尔德（公元 1341~1377 年）成为立陶宛大公，1355 年奥利戈尔德大公从蒙古金帐汗国手中夺取了整个切尔尼科夫—谢维尔斯科地区，公元 1362 年占领基辅，次年立陶宛人在蓝水河战役中击败蒙古人，使自己的势力范围深入第聂伯河流域的南部。14 世纪末，立陶宛成为当时欧洲最大的国家，国家的正式名称为"立陶宛和罗斯大公国"。在立陶宛人攻占基辅及其他今天乌克兰中部地区的同时，1349 年，波兰国王卡齐米尔三世（公元 1330~1370 年）率领波兰军队东进，迅速占领包括利沃夫、弗拉基米尔等城市，即整个加利西亚和部分沃伦地区。波兰和立陶宛的战争持续到 1366 年方告结束，波兰吞并了加利西亚和沃伦地区 5.2 万平方公里的土地，将自己的疆土扩大了 50%。

---

[1] 乌多维克主编：《乌克兰罗斯史》，基辅 BAKLER 出版社 2010 年版，第 25 页。

1370年波兰国王卡齐米尔三世病逝后，匈牙利安茹王朝的柳多维克加冕成为波兰国王，1382年柳多维克去世，持续12年的波兰和匈牙利联合王朝也随之终结。1384年，柳多维克的小女儿11岁的雅德维加在克拉科夫加冕成为波兰的新国王。1377年立陶宛大公奥利戈尔德去世，其子亚盖洛（公元1348~1434年）成为立陶宛的新大公。1385年，波兰女王雅德维加和立陶宛大公亚盖洛协议成婚，缔造一个新的联盟国家，史称克列沃联合，亚盖洛成为波兰国王并兼任立陶宛和罗斯大公国的大公。波兰贵族企图借亚盖洛之力驾驭立陶宛，并谋求将立陶宛并入波兰王国版图，这引发立陶宛和罗斯大公国内王国贵族强烈不满，他们推举亚盖洛的堂弟维陶塔斯（1350~1430年）为新的立陶宛大公，于1389年起兵反抗亚盖洛。1392年亚盖洛与维陶塔斯达成妥协，承认维陶塔斯为立陶宛大公及其对立陶宛和罗斯地区的实际控制权。1393年维陶塔斯将沃伦地区的卢茨克定为立陶宛和罗斯大公国的南都（今天立陶宛境内的特拉凯和白俄罗斯境内的诺沃戈洛德克是当年立陶宛大公国的北都）。①维陶塔斯是一名杰出的政治家和军事家，他继续其祖父盖迪米纳斯大公和伯父奥利戈尔德大公的未竟事业，不断向东方和南方扩展疆土，将除加利西亚之外的今天乌克兰中部和西部的大部分地区都纳入自己的统治之下。1399年，维陶塔斯与蒙古鞑靼军队在沃尔斯克拉河发生激战，结果维陶塔斯惨败，被迫向波兰国王亚盖洛求助。1400年和1401年，维陶塔斯和亚盖洛两次达成协议，恢复立陶宛和波兰的联合，维陶塔斯作为立陶宛大公臣服于波兰国王。1410年维陶塔斯和亚盖洛领导的波兰和立陶宛联军在格伦瓦尔德打败日耳曼骑士团。1430年，维陶塔斯去世，亚盖洛的弟弟斯维德里盖洛接替维陶塔斯统治立陶宛和罗斯地区，提出解除与波兰联盟的愿望。波兰开始入侵立陶宛和罗斯大公国，波兰和立陶宛大公国之间展开内战，1440年斯维德里盖洛战败身亡，亚盖洛的小儿子卡齐米尔（1440~1492年）被立为立陶宛大公，1447年，卡齐米尔在克拉克夫加冕为波兰国王，史称卡齐米尔四世（1447~1492年）。卡齐米尔四世统治期间，波兰对沃伦、基辅及其周边地区的控制进一步扩大，1452年，沃伦成为立陶宛大公国的普通行省，1471年，基辅及其周边地区正式成为立陶宛大公国的普通行省，结束了任何哪怕是形式上的乌克兰自治权。②

---

① 乌多维克主编：《乌克兰罗斯史》，基辅BAKLER出版社2010年版，第26~27页。
② 保罗·库比塞克著：《乌克兰史》，中国大百科全书出版社2009年版，第35~36页。

15世纪后半期，莫斯科公国兴起，并向外扩张。1522年，莫斯科公国占领了立陶宛统治下的乌克兰东北部切尔尼戈夫地区，1562~1570年，双方在今天的乌克兰领土上展开激战，立陶宛大公国不敌莫斯科公国，面临失去更多领土的威胁，转向波兰求助，1569年立陶宛和波兰签订了卢布林条约，两国合并为波兰—立陶宛联合王国（简称波兰—立陶宛联邦）。作为当时欧洲领土面积最大的国家，今天乌克兰版图内的中部和西部大部分地区都处于波兰—立陶宛联合王国的统治之下。

二、立陶宛和波兰统治下的乌克兰

对于生活在今天乌克兰土地上的罗斯人来说，在立陶宛和波兰统治时期所承受的命运是不同的。在立陶宛大公统治时期，生活在今天乌克兰土地上罗斯人的独立性得以延续，在罗斯人占主体的地方，立陶宛大公经常会任命当地的罗斯贵族担任地方领导，即使是委派立陶宛人担任地方领导，这些立陶宛人也会努力适应当地生活，逐渐融入当地的环境，很多立陶宛贵族还皈依了东正教，与当地罗斯贵族一道共同负责地方政权管理。可以说，在立陶宛大公国统治下的大多数时期，广大罗斯人在自己居住的地方都拥有比较多的自主权，罗斯贵族与立陶宛贵族享有同等地位，立陶宛大公国的法典是在罗斯法典的基础上修订的，古罗斯语是立陶宛大公国的官方语言和各民族之间的交际语言。东正教会在罗斯人居住的地方宗教生活中占据主导地位，在有些地方甚至是垄断地位。而在波兰统治下罗斯人的命运则截然相反，一方面，波兰贵族掌握着王国的大部分政治权利，除选举国王外，波兰贵族们还控制议会和法庭，在各地拥有大量土地；1569年以后，今天乌克兰中西部的大部分地区都成为波兰的行省，波兰人大举迁入，在当地获得大量土地，推行波兰化和天主教化，当地罗斯贵族不能享有与波兰贵族一样的特权和地位，只有那些放弃东正教信仰，成为天主教徒，并尊崇波兰的文化和语言的罗斯人才有可能拥有一些政治权力，有机会担任公职，拥有土地等。而信奉东正教的大多数罗斯人，特别是广大罗斯农民，则逐渐沦为半农奴和农奴。罗斯农民给波兰地主和贵族耕种土地，收成全部归地主和贵族所有，农民不能擅自离开波兰贵族和地主的领地，实际上变成了农奴。另一方面，以天主教为主要信仰的波兰统治者意识到，东正教的存在可能会成为不稳定因素，他们关闭了所有东正教高等教育机构，迫使土生土长的罗斯人皈依天主教，进行波兰化改造。波兰贵族还通过1596年布列斯特教会联合建立一个新的希腊礼天主教会（在保持东正教仪式的同时承认罗马教皇对罗斯教会的领导），公元1595年，基辅的圣索菲亚教堂也被划归希腊礼天主教会所有。在波兰国王和贵族的支持下，天主教在今天乌克兰中西部地区的影响得到发展和扩大，大量罗斯贵族和民众纷纷改信天主教，这也是造成今天乌克兰东西部地区宗教文化存在明显差异的重要原因之一。在广大东正教教徒的抗争下，1632年波兰国会被迫承认东正教的合法地位，允许东正教拥有自己的教区。来自摩尔多瓦的彼得·莫吉拉（1597~1647年）成为首位东正教基辅都主教，并创办了东斯拉夫世界第一所大学——基辅莫吉拉学院。①

正如赵云中教授在《乌克兰：沉重的历史脚步》中所描述的那样，在立陶宛和波兰统治下的数百年时间里，乌克兰人作为一个民族，顽强而艰难地书写着自己的历史。然而，乌克兰此时只是作为地理学概念和民族学概念而存在，却不是一个政治学概念，因为不存在乌克兰这样一个国家，今天乌克兰的版图内大部分土地在14~18世纪是隶属于立陶宛大公国或者立陶宛—波兰联合王国的。②

第二节　哥萨克时代

今天，很多乌克兰人将哥萨克看作是乌克兰民族精神的象征之一，但哥萨克人并不是现代意义上的乌克兰人。因为他们并不只定居在今天乌克兰版图内的地域，还有很大一部分哥萨克生活在今天俄罗斯的顿河地区。哥萨克的民族成分和成员身份复杂，既包含了今天的俄罗斯人、乌克兰人、白俄罗斯人的先辈，也包含摩尔多瓦人、波兰人、希腊人，甚至还有少量犹太人和鞑靼人。虽然历史上的哥萨克的活动区域和人员组成具有多样性的特点，但是这不能否定哥萨克在乌克兰民族发展史上的重要意义，哥萨克追求独立和自由的性格是当代乌克兰民族精神的重要组成元素，19世纪最著名的乌克兰民族主义启蒙思

---

① 基辅莫吉拉神学院，起源可追溯到1615年建立的基辅修道院教会学校，1632年在该学校基础上建立新的学院，1817年，基辅莫吉拉学院被关闭，1991年，乌克兰获得独立后，重新恢复该学院，并更名为国立基辅莫吉拉学院大学。

② 赵云中著：《乌克兰：沉重的历史脚步》，华东师范大学出版社2005年版，第96页。

想家、作家和诗人塔拉斯·舍甫琴科①的乌克兰语长诗《伊万·彼得科娃》和《加玛利亚》等都取材于哥萨克故事。

一、哥萨克的崛起

著名的阿拉伯历史学家和旅行家马苏迪（Masudi，公元9世纪末~公元956/957年）②指出在高加索和黑海之间 Kasak 人与古代阿兰人（伊朗语系部族，源于萨尔马特人，从1世纪起生活在亚速海和高加索地区）比邻而居，在古罗斯这些 Kasak 人被称作哥萨克人，古罗斯的王公们经常邀请他们保卫公国的边界和担任私人卫队士兵。在基辅罗斯，这些哥萨克人主要聚居在今天的切尔卡瑟、齐吉林、乌曼等地区，在维陶塔斯统治立陶宛和罗斯大公国期间，很多哥萨克人加入立陶宛大公国的军队，负责戍守边疆，立陶宛大公还专门组建由1万~1.5万哥萨克人组成的私人卫队。③ 哥萨克人在第聂伯河沿岸地区，在今天的加涅夫、切尔卡瑟、齐吉林、白教堂等地建立了许多防御工事，用来抵御蒙古金帐汗国鞑靼人军队的侵袭，第聂伯河下游地区因地势险要、易守难攻逐渐成为哥萨克栖身并赖以抵御和出击的理想地区。15世纪末，哥萨克在第聂伯河下游的许多石头岛屿上建造了众多规模不大的城堡作为防御工事，在乌克兰语中这些防御工事被称作做塞契（由伐倒的原木构筑的要塞），塞契有自己的议会（拉达），并选举自己的领导人，称为盖特曼。④ 1553~1556年，立陶宛大公国委派的加涅夫、切尔卡瑟驻军首领德米特里·维什涅韦茨基（绰号"拜达"）把一些零散的哥萨克人组织起来，在第聂伯河的小霍尔季查岛上建立要塞，成为有效防御鞑靼人的战略要地。小霍尔季查岛要塞位于第聂伯河石滩以南，因此被称为"扎波罗热"塞契（"扎波罗热"一词在古罗斯语中的含义是石滩以外"以南"的意思），16世纪50年代以后扎波罗热塞契将周边较小的塞契连接成一个庞大的防御工事，力量日益壮大，成为抗击鞑靼人入侵的重要力量。

---

① 塔拉斯·舍甫琴科（1814~1861年），乌克兰著名诗人及艺术家，通过诗歌号召乌克兰人民脱离沙皇俄国的统治，被誉为乌克兰最伟大的诗人、作家和现代文学奠基人。他的文学作品被视为近代乌克兰文学，甚至是现代乌克兰语的奠基者。乌克兰独立后包国家歌剧院、基辅大学、基辅市中心林荫道等许多院校、剧院、广场、街道、城市都以他的名字命名。
② 《苏联百科辞典》，中国大百科全书出版社1986年版，第875页。
③ 乌多维克主编：《乌克兰罗斯史》，基辅 BAKLER 出版社2010年版，第33页。
④ 保罗·库比塞克著：《乌克兰史》，中国大百科全书出版社2009年版，第41页。

随着哥萨克数量不断增加，塞契的实力也不断发展壮大，这一切令立陶宛—波兰联合王国的统治者深感不安。为了对哥萨克加以控制，1572年立陶宛—波兰联合王国国王奥古斯特（Sigismud August）下令组建一支300人的哥萨克部队，把哥萨克收编入册并发放军饷，成为册编哥萨克。1577年，新的立陶宛—波兰联合王国国王巴托利（Stefan Batory）发布命令，扩大册编哥萨克的数量，册编哥萨克的人数不断增加，由1577年的6000人扩充至1630年的8000人（1620年一度扩大至20000人）。[①] 册编哥萨克的出现表明波兰官方对哥萨克身份的承认，这些册编的哥萨克可以在波兰军队中服役并获得军饷，可以拥有土地和其他财产。而那些不愿意在立陶宛—波兰联合王国官方统治下生活的哥萨克，则继续选择沿着第聂伯河南下，进一步深入荒原，成为非册编哥萨克，人数为4万~5万人。16世纪后半期至17世纪前半期，哥萨克与波兰封建地主和贵族之间的矛盾不断激化，并引发激烈冲突。1591年在基辅和沃伦地区爆发了由科辛斯基领导的哥萨克起义运动，后来被波兰贵族军队残酷镇压；1594年哥萨克盖特曼纳列瓦伊科领导哥萨克部队与波兰军队在加利西亚、沃伦和基辅等地作战，于1597年兵败后在华沙被处决。

17世纪初，立陶宛—波兰联合王国与沙皇俄国[②]、奥斯曼帝国[③]、瑞典王国[④]之间爆发战争，波兰人想到运用哥萨克这支军事力量。1620年奥斯曼帝国与立陶宛—波兰联合王国之间爆发战争，波兰军队在与奥斯曼帝国军队作战中处于劣势，被迫向哥萨克求援，哥萨克盖特曼萨盖达奇内率兵与波兰军队共同作战，在1621年立陶宛—波兰联合王国战胜奥斯曼帝国的霍京战役中发挥了决定性作用。1621年霍京战役后波兰与土耳其媾和，波兰政府不再有求于哥萨克，便置哥萨克的生计于不顾，对战争中的伤残人员不作任何抚恤，引发广

---

① 王承宗著：《乌克兰史 西方的梁山泊》，台北市三民书局2006年版，第61页。
② 沙皇俄国（1547~1917年），1147年基辅罗斯大公莫诺马赫的儿子尤里·多尔戈鲁基建立莫斯科城，1283年以莫斯科为中心的莫斯科公国创立。1547年莫斯科公国大公伊凡四世加冕为沙皇，莫斯科公国改称沙皇俄国。1721年沙皇彼得一世被国家杜马授予"彼得大帝"称号至1917年尼古拉二世退位这段时间的沙皇俄国又被称为沙俄帝国（1721~1917年）。
③ 奥斯曼帝国（1299~1923年），土耳其人建立的国家，创立者为奥斯曼一世（1281~1326年），1299年建国，十六七世纪鼎盛时期统治区域地跨欧、亚、非三大洲，19世纪国力开始衰落，1923年10月29日凯末尔领导起义，成立土耳其共和国，奥斯曼帝国灭亡。
④ 瑞典王国（1100年至今），公元1100年前后，瑞典王国成立，1397年入丹麦主导的卡尔马联盟，1523年脱离联盟独立。17世纪成为称霸欧洲北部的强国，18世纪初开始衰落，1905年挪威脱离瑞典独立，1995年加入欧盟，是当今世界上最发达的国家之一。

大哥萨克不满。1622 年，随着萨盖达奇内的辞世，一个可以称之为萨盖达奇内时代的哥萨克与波兰关系中的短暂和平时期结束了。①

1622～1638 年，在今天乌克兰的土地上发生了多次大规模的哥萨克农民起义。反对波兰人的政治统治、经济压迫和宗教排挤的斗争此起彼伏，英勇悲壮。但是，这一次又一次的哥萨克起义最终都以失败告终。在 1637～1638 年的哥萨克大起义失败后，哥萨克运动跌入低谷，并持续了长达 10 年之久，波兰人把这 10 年空前的宁静称作"黄金安定"时期。② 但是在民族矛盾、阶级矛盾和宗教矛盾不断激化的大背景下，这种"安定"是不可能持久的，短暂的沉寂并不意味着哥萨克运动的终结，在对历次起义失败教训进行总结之后，哥萨克开始与本民族的知识分子和宗教势力联系联合，把保卫东正教信仰和弘扬民族文化的任务纳入自己的斗争纲领，从而增强了起义的号召力，民族利益的融入使哥萨克运动产生了性质上的改变。

二、赫梅利尼茨基与《佩列亚斯拉夫协定》

1648 年，在民族矛盾、阶级矛盾和宗教矛盾交合条件下，哥萨克盖特曼鲍格丹·赫梅利尼茨基率众起义，1648 年 5 月 5～6 日，在黄水城战役中，哥萨克大败波兰军队，5 月 15～16 日，在科尔孙战役中，波兰军队再次遭到重创，波兰部队两名最高指挥官、80 名显贵、127 名军官和 8520 名士兵被俘，哥萨克斩获 41 门火炮。③ 1648 年 9 月，哥萨克军队横扫沃伦和加利西亚地区，兵临利沃夫城下，利沃夫的波兰驻防军队将领弃城而逃，城内贵族决定向哥萨克军队支付巨额赔款，以免城市被战火毁坏。在获得大笔赔款后，1648 年 10 月赫梅利尼茨基率领哥萨克部队挥师北上，直奔华沙。1648 年 11 月，赫梅利尼茨基部队停留在利沃夫与华沙之间的扎摩斯克要塞，派遣使者前往华沙，要求波兰国王卡齐米尔同意恢复哥萨克传统特权，允许哥萨克在黑海自由通航，授权哥萨克盖特曼行政和司法大权，赦免参与起义的全部人员，废除布列斯特教会联合协议。卡齐米尔同意了哥萨克的要求，哥萨克部队撤回到基辅。1649 年初，赫梅利尼茨基率领部队进入基辅，基辅都主教柯西夫亲率东正教神职人

---

① 赵云中著：《乌克兰：沉重的历史脚步》，华东师范大学出版社 2005 年版，第 119 页。
② 赵云中著：《乌克兰：沉重的历史脚步》，华东师范大学出版社 2005 年版，第 124 页。
③ 王承宗著：《乌克兰史 西方的梁山泊》，台北市三民书局 2006 年版，第 71 页。

员出城欢迎，赫梅利尼茨基被盛赞为"从波兰奴役下拯救人民的救世主摩西"。① 但是和平是短暂的，1649年5月开始，波兰国王卡齐米尔撕毁与哥萨克达成的协议，兵分三路向哥萨克展开进攻，赫梅利尼茨基率领哥萨克部队与波兰军队进行了激烈的战斗，8月18日赫梅利尼茨基与波兰国王在加利西亚的兹博罗夫要塞签订《兹博罗夫协议》，划定哥萨克盖特曼管辖地区，波兰军队不得在这些地区驻留，在波兰议会给予东正教都主教席位，起义者得到大赦。虽然该协议最终并没有得到执行，但是它承认了这样一种现实，即在立陶宛—波兰王国疆域内存在一个哥萨克特辖区，该特辖区包括基辅、切尔尼戈夫和布拉茨拉夫三个地区（今天乌克兰的基辅地区、切尔尼戈夫地区、波尔塔瓦地区和沃伦的部分地区）。从《兹博罗夫协议》签订至1651年年初，哥萨克与波兰之间没有发生军事冲突，双方都在积蓄力量，准备新一轮的战争。在短暂的和平过后，1651年6月双方的战争进入了一个新阶段，哥萨克在战争中遭受巨大挫折，10月28日，双方在白教堂地区达成停战协议。白教堂停战协议签署之后，哥萨克盖特曼的辖区缩小到只剩下唯一的一个基辅地区，波兰大地主又重新堂而皇之地回到了自己的庄园，而大量哥萨克和参加起义的农民面临重新沦为农奴的命运。在面临新的生死存亡之际，哥萨克开始把目光投向与自己同样信仰东正教的北方强邻沙皇俄国。1652~1653年，赫梅利尼茨基多次派使者去莫斯科，请求与俄罗斯联合，共同抗击波兰。1653年年底，沙皇俄国派特使巴图林前往佩列亚斯拉夫与赫梅利尼茨基谈判。双方于1654年1月就哥萨克接受莫斯科沙皇为君主和向沙皇宣誓效忠，哥萨克享有高度自治权，有权选举自己的盖特曼，拥有自己军队、外交政策，拥有独立的立法权、司法权和行政权等事宜经反复协商后最终达成协定，这个协定在历史上被称作《佩列亚斯拉夫协定》。1654年1月18日，赫梅利尼茨基在佩列亚斯拉夫召开哥萨克拉达大会，通过乌克兰与俄罗斯联合的决定，规定乌克兰接受俄国保护，并于次日率领哥萨克将领在大教堂向沙皇宣誓效忠。3月，赫梅利尼茨基派代表团携带依据《佩列亚斯拉夫协定》相关内容所做的哥萨克陈情文书送达莫斯科，经2周的谈判，最终达成"1654年条约"（又称"三月条款"）。1654年8月，俄国沙皇阿列克谢将自己的头衔从"全俄罗斯的沙皇"改为"全部大、小俄罗斯的沙皇"。②

---

① 赵云中著：《乌克兰：沉重的历史脚步》，华东师范大学出版社2005年版，第136页。
② 王承宗著：《乌克兰史 西方的梁山泊》，台北市三民书局2006年版，第77页。

三、哥萨克盖特曼政权

1654年4月，俄国沙皇阿列克谢率兵亲征斯摩棱斯克，赫梅利尼茨基派1.8万名哥萨克士兵参加俄军对立陶宛—波兰王国的进攻。斯摩棱斯克战役后，沙皇俄国与波兰王国围绕乌克兰的土地的争夺进行了长达13年的战争。与此同时，北欧新崛起的军事强国瑞典也加入欧陆战事，于1655年7月发动对波兰的进攻，于1656年5月与俄罗斯开战。在瑞典的强大军事压力下，俄国和波兰谋求通过谈判达成暂时和解，1656年波兰与俄国在维尔诺（今天立陶宛首都维尔纽斯）达成停火协议，沙皇俄国开始集中精力对付瑞典，并征调哥萨克参加对瑞典的作战。而此时赫梅利尼茨基领导的哥萨克正与瑞典联合对波兰作战，这种局面造成了哥萨克与沙皇俄国之间关系骤紧，使得赫梅利尼茨基陷入一种极其微妙的左右为难境界。1656年俄国和波兰接连挑唆哥萨克内部高级将领叛乱，引起哥萨克军队发生大规模哗变，重病缠身的赫梅利尼茨基难以承受接踵而来的意外打击，于1657年8月6日与世长辞。赫梅利尼茨基死后，乌克兰陷入了30年的战乱时代。

1658年，赫梅利尼茨基的继任者维戈夫斯基宣布与波兰结盟，签订《加佳奇条约》，波兰则承认哥萨克拥有高度自治权；但一切为时已晚，此时的波兰在俄瑞两国的打击下，已无法在乌克兰充当平衡沙俄的外力。在沙皇军事压力和哥萨克内部叛乱的双重压力下，维戈夫斯基逃亡至波兰度过残生。在维戈夫斯基逃亡后，1659年赫梅利尼茨基的儿子尤里被选为哥萨克盖特曼，俄国强迫尤里签署新的《佩列亚斯拉夫协议》，剥夺了哥萨克政权行政自主权和外交权。1660年，俄国与波兰再燃战事，尤里开始与波兰谈判，同意哥萨克盖特曼政权加入波兰王国。尤里的政策引起哥萨克的内部分裂，第聂伯河左岸地区的哥萨克主张接受俄国沙皇的领导，1663年与莫斯科关系密切的布留霍维茨基当选为左岸哥萨克盖特曼，而第聂伯右岸的哥萨克主张接受波兰国王的统治，1663年多罗申科取代尤里成为右岸哥萨克盖特曼，执行亲波兰的政策，希望借助波兰的支持重新统一第聂伯河两岸哥萨克。然而，统一两岸的壮志尚未实施，多罗申科就遭到了沉重打击，1667年1月波兰同沙皇俄国签订了停战协定《安德鲁索沃条约》，协定中规定第聂伯河右岸地区属波兰，第聂伯河左岸归俄国，基辅暂由俄国控制，两年后再划归波兰，并将扎波罗热塞契地区置于两国共同庇护之下。在这种情况下，多罗申科决定寻求奥斯曼帝国的协助，1667年9月，多罗申科与奥斯曼帝国的联军向加利西亚的波兰军队发起进攻，迫使波兰国王同意给予第聂伯右岸的哥萨克更为广泛的自治权。1668年6月8日多罗申科进军第聂伯左岸地区，驱逐了左岸哥萨克盖特曼布留霍维茨基，宣布自己是两岸哥萨克盖特曼。但多罗申科对两岸哥萨克的统治是短暂的，仅仅维持了8个月的时间。1669年3月波兰军队对第聂伯右岸哥萨克展开进攻，俄罗斯军队派兵进攻左岸哥萨克，多罗申科退守第聂伯河右岸，姆诺戈格列什内被推举为左岸哥萨克盖特曼，第聂伯两岸的哥萨克政权再次一分为二。1672年多罗申科与奥斯曼帝国联军和波兰军队发生多次激战，7月和8月在波多利耶地区大败波兰军队，挺进加利西亚，围困利沃夫，迫使波兰于1672年10月签署《布恰奇协议》，波兰放弃对波多利耶地区的控制权，波多利耶成为奥斯曼帝国的行省，波兰放弃对右岸哥萨克的控制权，右岸哥萨克接受奥斯曼帝国保护，波兰向奥斯曼帝国支付巨额战争赔款。《布恰奇协议》签署的结果导致今天乌克兰波多利耶地区西部和加利西亚地区的东南部土地被划入了奥斯曼帝国的版图，而多罗申科的右岸哥萨克辖区则只剩下断壁残垣的布拉茨拉夫辖区和基辅辖区的部分地区。1674年1月，左岸哥萨克新任盖特曼萨莫伊洛维奇会同俄罗斯军队渡过第聂伯河，向多罗申科发动进攻，多罗申科寡不敌众，再次向奥斯曼帝国求助。1675年奥斯曼帝国与沙皇帝国的大军在第聂伯河右岸地区展开激战，整个聂伯河右岸地区生灵涂炭，满目疮痍。1676年多罗申科在齐吉林城下被俄罗斯军队包围，只剩2000人马的多罗申科经短暂抵抗后被迫投降，这位"最后的哥萨克人"被流放到俄罗斯度过了22个艰难岁月，最后客死他乡。1677年，奥斯曼帝国扶持被罢黜的前盖特曼尤里·赫梅利尼茨基重新成为第聂伯右岸的盖特曼，尤里成了奥斯曼帝国的傀儡，但在对抗俄罗斯军队的战争中，尤里不仅无法取得胜利，还失去了基辅地区的南部和中部大部分土地，导致整个波多利耶地区岌岌可危，奥斯曼帝国对尤里极度不满，于1681年将尤里处死。连年的战争使得波兰王国、沙皇俄国和奥斯曼帝国都感到筋疲力尽，疲于应战，1681年1月13日，沙皇俄国与奥斯曼帝国及其附庸国克里米亚汗国在巴赫奇萨赖签署为期20年的停战协议，奥斯曼帝国与沙皇俄国的以第聂伯河划界，基辅南部、布拉茨拉夫和波多利耶地区①由奥斯曼帝国控制，第聂伯右岸地区和基辅为沙皇俄国的势力范围，德涅斯特河与布格河之间的地区为中立地区。② 1686年5月16日，波兰与沙皇俄国在

---

① 1699年以后波多利耶地区被波兰占领。
② 古巴列夫著：《乌克兰历史》，顿涅茨克BAO出版社2009年版，第109页。

莫斯科签署《永久和平条约》，波兰承认沙皇俄国对第聂伯左岸地区、基辅、扎波罗热及北切尔尼戈夫地区的控制，基辅北部地区、沃伦和加利西亚地区为波兰的领地。①

1687年马泽帕②被选为左岸哥萨克的盖特曼，开始了其长达20年的盖特曼统治，并且改写了哥萨克盖特曼政权与沙俄帝国之间的关系。此时的哥萨克政权控制的地区只占赫梅利尼茨基曾经控制地区的1/3，其北部和东部与沙皇俄国的其他地区接壤，一些居民称其为"乌克兰"（字面意思为在边区），居住在这个地区的人也经常被称作"乌克兰人"（边区的人）。1689年8月，马泽帕在莫斯科期间适逢沙皇俄国发生宫廷政变，彼得一世成为新沙皇，史称彼得大帝，从彼得一世开始，沙皇俄国发展为沙俄帝国。马泽帕迅速取得彼得大帝的信任，与彼得一世建立起良好的个人关系。1699年莫斯科撕毁与奥斯曼帝国之前签署的巴赫奇萨赖停战协定，与波兰、神圣罗马帝国和匈牙利组成神圣同盟对奥斯曼帝国宣战，马泽帕带领哥萨克部队积极参与彼得一世对奥斯曼帝国作战，攻击奥斯曼帝国在黑海和亚速海地区的军事要塞，并迫使奥斯曼帝国在1700年与沙俄帝国签署君士坦丁堡条约，为沙皇帝国获得了黑海和亚速海沿岸广大地区的控制权。

1700年，沙皇俄国与瑞典王国之间爆发的"大北方战争"③引发马泽帕与彼得一世的关系发生变化。战争期间，沙皇彼得一世强行征调大批哥萨克部队赴前线与瑞典军队作战，并命令马泽帕听命于沙皇俄国的缅希科夫公爵领导，这严重损害了盖特曼政权的自治地位，引起乌克兰哥萨克的强烈不满。再加上有谣言传说彼得一世会用俄国贵族取代马泽帕，这更加动摇了马泽帕对莫斯科的信任与忠诚。在权衡利弊之后，马泽帕决定选择与瑞典结盟，希望瑞典国王查理十二世能够打败彼得一世，帮助自己实现哥萨克盖特曼政权的真正自治。但与马泽帕的设想相反，彼得一世的军队在1709年的波尔塔瓦战役中大败"瑞典—哥萨克"联军，在俄罗斯军队的追击下，马泽帕逃往奥斯曼帝国

---

① 古巴列夫著：《乌克兰历史》，顿涅茨克BAO出版社2009年版，第110页。
② 伊万·马泽帕（1639～1709年），出身于哥萨克贵族家庭，1687～1709年担任第聂伯河左岸哥萨克盖特曼。在当代乌克兰，马泽帕被看作是仅次于博格丹·赫梅利尼茨基的第二个伟大的哥萨克盖特曼。
③ 大北方战争（1700～1721年），是沙皇俄国和瑞典王国之间因争夺波罗的海地区控制权而引发的战争。战争的结果是沙皇俄国从此称霸波罗的海，并最终发展为地跨欧亚的沙俄帝国，而瑞典王国则从此衰退，从欧洲列强的名单上消失。

控制下的摩尔多瓦，并于1709年9月21日客死他乡。1709年，俄罗斯军队摧毁了扎波罗热塞契，沙皇俄国军队进驻盖特曼辖区。1722年沙皇在彼得堡设立小俄罗斯部，作为一个与盖特曼分权抗衡的机构，负责盖特曼辖区的司法裁决和监督财政事务，1722~1727年的5年时间里，盖特曼的权力被严重削弱，小俄罗斯部俨然成了盖特曼辖区事实上的最高统治者。小俄罗斯部对盖特曼辖区的统治延续至1727年，1727年俄罗斯沙皇彼得二世继位后宣布撤销小俄罗斯部，恢复原有的盖特曼政权体制，但在相当大的程度上收缴了盖特曼的外交、军事和政治自主权，盖特曼的权力仅限于辖区内部事务。1734年安娜女皇当政后，对盖特曼辖区的管理更加严厉，管理体制重新回到彼得一世时期的政策轨道上，安娜女皇下令取消盖特曼这一职位，取而代之由新设置"盖特曼公署"统一负责盖特曼辖区的管理。1740年安娜女皇去世后，彼得一世的女儿伊丽莎白一世在1741年的宫廷斗争中获胜，成为沙俄帝国的新女皇。伊丽莎白一世的密友阿列克谢·拉祖莫夫斯基是一个出身于哥萨克家庭的歌唱演员，在拉祖莫夫斯基的谏言之下，1747年伊丽莎白一世降旨恢复盖特曼体制。1750年，阿列克谢·拉祖莫夫斯基的弟弟基里尔·拉祖莫夫斯基成为新任盖特曼，这也是历史上哥萨克盖特曼政权的最后一任盖特曼。1762年，叶卡捷琳娜二世发动宫廷政变，废黜了自己的丈夫彼得三世，成为沙俄帝国的新女皇，1764年，叶卡捷琳娜女皇将基里尔·拉祖莫夫斯基召回彼得堡后，下旨宣告成立一个以总督为首的小俄罗斯部取代盖特曼，任命鲁缅采夫公爵为小俄罗斯部总督。就这样，存续了100多年的盖特曼政权宣告瓦解，今天乌克兰的大部分地区开始进入到一个被"俄罗斯"化的历史时期。

第四章 沙俄帝国和哈布斯堡帝国的统治

第一节 沙俄帝国统治下的东乌克兰

一、沙俄帝国的领土扩张

18世纪以来，沙俄帝国通过与波兰王国及奥斯曼帝国的历次战争逐步把今天乌克兰的大部分地区（约占今天乌克兰领土的90%）并入自己的版图。1709年波尔塔瓦战役后，俄罗斯帝国逐步将第聂伯左岸盖特曼辖区和扎波罗热塞契地区纳入自己的直接统治之下。1772年俄国与奥地利和普鲁斯第一次瓜分波兰，俄罗斯占领了第聂伯河和索日河之间的大片土地，1774年俄罗斯从奥斯曼帝国手中夺得第聂伯河与布格河之间的广袤土地以及亚速海沿岸地区，1782年，吞并塔夫利亚和库班地区，1793年，俄国与奥地利和普鲁斯第二次瓜分波兰，第聂伯河右岸的波多利、沃伦东部和布拉茨拉夫大部分地区被划入俄国。1795年第三次瓜分波兰时，俄国又得到了西部沃伦。1812年，吞并比萨拉比亚地区，1815年占领霍尔木地区。从此开始直到1917年俄国十月社会主义革命，除东加利西亚地区、北布科维纳和外喀尔巴阡地区以外（现今乌克兰的利沃夫、捷尔诺波尔、伊万诺·弗兰科夫斯克、外喀尔巴阡、切尔诺夫策五个州，1772~1918年由哈布斯堡王朝的奥地利帝国控制），今天乌克兰的大部分地区都处于沙俄帝国的统治之下。

在沙俄帝国的版图内，今天的乌克兰大部分土地按行政区划被划分为"左岸地区""右岸地区"和"新俄罗斯"三个地区。"左岸地区"包括了原哥萨克盖特曼辖区内的第聂伯左岸大部分地区和斯洛博达地区。1796年沙俄帝国在第聂伯左岸地区组建小俄罗斯省，1802年又分为切尔尼戈夫省和波尔塔瓦省。斯洛博达地区在基辅罗斯时期是公国的西南边疆区，13世纪蒙古金帐汗国入侵后，成为无人居住的荒野。16世纪后半期，来自第聂伯河两岸地区的大量哥萨克和农民为了躲避战火以及逃避波兰大地主的压迫，开始向这一地区迁移。1796 年成为斯洛博达省，1835 年改称哈尔科夫省。19 世纪中期，沙皇设立小俄罗斯总督辖区负责统一管理切尔尼戈夫省、波尔塔瓦省和哈尔科夫省。"右岸地区"主要包括第聂伯河右岸地区、波多利耶和沃伦地区，于 1796 年被划分为基辅省、沃伦省和波多利耶省，1832 年沙俄帝国设立基辅总督辖区统管三省事务。"新俄罗斯"地区主要包括扎波罗热和黑海沿岸地区及克里米亚地区。1802 年划分为叶卡捷琳诺斯拉夫省（中心为今天的第聂伯罗彼得罗夫斯克市）、塔夫利亚省（今天的克里米亚）和赫尔松省。1812 年沙俄帝国从奥斯曼帝国手中夺得的比萨拉比亚地区组建为比萨拉比亚省，并入"新俄罗斯"地区。1828 年，沙俄帝国成立新俄罗斯—比萨拉比亚总督辖区（中心为敖德萨），统管叶卡捷琳诺斯拉夫省、塔夫利亚省、赫尔松省和比萨拉比亚省事务。

二、俄罗斯化与乌克兰文化复兴

沙俄帝国在今天乌克兰的广大土地上推行全面俄罗斯化的殖民政策，按照俄罗斯的社会模式、价值观念和语言文化重新构建乌社会结构。沙俄帝国取缔波兰语学校，推行俄语教育，对乌克兰民族语言及其教育，采取严厉禁止的政策，把乌克兰语贬为"乡巴佬"语言，禁止乌克兰文书籍和教科书的出版。现代乌克兰的首所大学于 1805 年成立于哈尔科夫，1834 年基辅大学创立，但是这两所大学都采用俄语教学。不仅如此，沙俄帝国统治下的初等教育也全部使用俄语，导致乌克兰人从小学开始就很少有机会能够接受到乌克兰语言文化的熏陶，导致他们在社会生活中根本得不到使用自己母语的机会，自然也就很难获得传承乌克兰语言、文化和传统。对于贵族、官僚、东正教教会人员、音乐家和画家这些社会精英而言，他们只有选择放弃"小俄罗斯人"的"农民文化"，融入更为广大的俄罗斯文化当中，才能在沙俄帝国的治下获得自己事业的成功。以果戈理和舍甫琴科为例，他们虽然都出生在今天乌克兰的土地上，但他们的许多作品都是用俄语写作完成的，舍甫琴科用俄语写作了《音乐家》《艺术家》等自传性质的小说，果戈理的俄文巨著《钦差大臣》和《死魂灵》更是跻身世界名著中的俄罗斯文学作品之列。[①] 在文化和教育领域推行俄罗斯化的同时，沙俄帝国当局也加大了对东正教的扶持。1839 年，沙皇查封了帝国境内所

---

① 保罗·库比塞克著：《乌克兰史》，中国大百科全书出版社 2009 年版，第 61 页。

有希腊礼天主教会,并将其教区转交给了俄罗斯东正教会。

尽管沙俄当局不遗余力地压制乌克兰语言文化和民族认同,但乌克兰民族文化复兴却宛如星星之火,在18世纪下半期至19世纪上半期开始呈现燎原之势。1777年,卢班的《小俄罗斯编年史简史》出版,对哥萨克时代的历史进行了较为详尽的记述。1798年科特里亚列夫斯基的第一部乌克兰语长诗《爱涅阿斯记》出版,被公认为乌克兰文学的奠基之作,科特里亚列夫斯基被誉为"现代乌克兰文学之父"。他的轻喜剧《波尔塔瓦的娜塔莎》和《迷人的大兵》更成为乌克兰民族戏剧的开端。他向世人证明了,乌克兰语不是"农民语言",用乌克兰语同样可以写作出高雅的文学作品。1818年,阿尔乔木维奇用乌克兰语发表了《老爷与狗》,用生动的乌克兰语寓言故事抨击农奴制度。1818年,帕夫洛夫斯基的《小俄罗斯语方言语法》一书问世,是乌克兰语的第一部语法书,对乌克兰语的语法进行了详尽的描述。1822年班特什·卡缅斯基发表四卷本《小俄罗斯史》,列举了大量关于小俄罗斯的珍贵历史档案资料,为后人研究乌克兰历史提供了重要文献资料参考。1827年,马克西莫维奇的《小俄罗斯歌曲集》问世,1834年马克西莫维奇发表《乌克兰民歌》,开创了对乌克兰民俗和歌曲的研究。经过对俄罗斯和乌克兰民歌的研究,马克西莫维奇总结出乌克兰和俄罗斯是联系紧密却相互独立的民族。他打破官方的正统观点,开始使用"乌克兰人"的字眼以强调乌克兰对于俄罗斯的独特性,甚至给朋友的信中都署名为"一个老乌克兰人"。[①] 1828年科尼斯基的《罗斯人或小俄罗斯的历史》问世,首次提出基辅罗斯是小俄罗斯人创建的国家,指出罗斯就是小俄罗斯,而不是俄罗斯,小俄罗斯民族是不同于俄罗斯的一个单独民族。1834年奥斯诺维亚年科的《小俄罗斯故事集》问世,被誉为"乌克兰散文之父"。1842~1843年马尔科维奇的五卷本《小俄罗斯史》问世,作者把小俄罗斯的历史看作是一个不属于俄罗斯的独立历史进程,勾勒出一个从古至今无间断的历史发展过程。

从19世纪40年代开始,乌克兰的民族文化复兴更多地带有明显的政治色彩。1838年塔拉斯·舍甫琴科的寓言诗《卡特琳娜》表现出鲜明的政治色彩,在对自由的哥萨克进行讴歌的同时,提出"俄国佬是外国人",明确提出了乌克兰人的民族认同问题。1840年舍甫琴科发表了首部诗歌作品《科勃扎琴手》,该诗由乌克兰方言和民歌构成,雅俗共赏,被公认为乌克兰近代文学的

---

① 保罗·库比塞克著:《乌克兰史》,中国大百科全书出版社2009年版,第62页。

奠基之作。舍甫琴科在诗中描写了科勃扎琴手的艰难生活,把科勃扎升华为乌克兰民族精神的传承工具,初步显露出作者的乌克兰民族主义政治色彩。1841年舍甫琴科又发表抒情长诗《海达马克》,热情歌颂了乌克兰农民在历史上反对波兰贵族地主的斗争。1843~1845年,有感于俄罗斯帝国下的乌克兰农奴所承受着的贫困环境,舍甫琴科在乌克兰历史文化遗址采集创作素材基础上制作一本名为《乌克兰风景》(Живописна Україна)蚀刻画集,并将这一时期创作的诗汇编成集,以《三年》为名出版。诗集中《梦》《高加索》《遗嘱》等诗歌均具有强烈的反对民族压迫、反对专制制度的政治倾向。在1845年的作品《大坟墓》中,舍甫琴科将乌克兰民族视为被波兰人和俄罗斯人压迫的独立民族,将波兰和俄罗斯描绘为劫掠天地的乌鸦。① 1845年,秘密的圣基里尔—梅福迪兄弟会成立,开始探讨诸如废除农奴制、出版自由和建立斯拉夫民族联邦等政治敏感话题。1847年,圣基里尔—梅福迪兄弟会被强制取缔,主要成员或遭逮捕入狱或被流放,作为兄弟会成员的舍甫琴科被流放至中亚充军,接受管制,从事繁重的体力劳动。虽然1857年舍甫琴科得到新沙皇亚历山大二世的赦免,但是依旧不被容许返回乌克兰。尽管如此,舍甫琴科所创作的为乌克兰和劳苦农民大众伸张正义的文学作品,激励了一代又一代乌克兰人投身于民族独立运动大潮中。19世纪60年代,乌克兰民族主义者开始通过建立秘密的"格拉马达"组织(意为村社)传播乌克兰民族主义思想,第一个"格拉马达"于1861年在基辅创立,随后在其他城市也出现了此类组织。"格拉马达"的成员身着乌克兰农民服饰,用乌克兰语发表作品,为农民开办补习学校,帮助农民读书识字,在他们中间传播乌克兰语言和文化。

三、东乌克兰地区的工业化

18世纪末,沙俄帝国开始大力推进第聂伯河下游及黑海沿岸地区经济开发。叶卡捷琳娜二世为了刺激当地开发,给予愿意定居此地的俄罗斯人(大部分为贵族和军官)4000英亩土地,他们则以宽松的劳动条件(每周工作两天)来吸引帝国其他地区的农民前去垦殖。新的城市在第聂伯河下游和黑海沿岸蓬勃如雨后春笋般发展起来,包括叶卡捷琳诺斯拉夫(今天的第聂伯罗彼得罗夫斯克市)、亚历山德罗夫斯克(今天的扎波罗热市)、赫尔松、敖德萨等城市。19世纪末,乌克兰东部地区的农产品出口已经成为俄罗斯帝国经

---

① 保罗·库比塞克著:《乌克兰史》,中国大百科全书出版社2009年版,第63页。

济现代化的重要支柱和最主要出口商品之一，该地区生产了沙俄帝国90%的小麦（占世界总产量的20%）以及大量的大麦和甜菜，逐渐发展成为俄罗斯帝国和整个欧洲的粮仓。① 乌克兰历史上的首条铁路于1865年铺设，它把主要粮食产区和敖德萨港口连接起来。同时，乌克兰东南部顿巴斯的铁矿和煤矿被广泛开发。到19世纪末20世纪初，今天乌克兰的东部地区已经成为沙俄帝国最主要的工业中心，当时兴起的顿涅茨克、第聂伯罗彼得罗夫斯克、扎波罗热、克里沃伊罗格等城市及周边地区是沙俄帝国工业化程度最高的区域。

东乌克兰地区的工业化改变了这一地区的民族成分和人口结构。由于当时大多数乌克兰人还主要生活在农村，被大地主的劳役所束缚。因此，工厂主不得不从外部引进劳动力，整个乌克兰超过40%以上的工业劳动力来自乌克兰以外的其他地区。19世纪90年代，顿涅茨克80%的工人是从莫斯科来的新工人。② 到了20世纪初，在小俄罗斯地区讲乌克兰语的已经变得人非常少，大量讲俄语的俄罗斯族人和犹太人占据了行政、文职工作和贸易等部门和行业的主导地位。

尽管同处于沙俄帝国，但工业化并没有波及以农业为基础的第聂伯河"右岸地区"，第聂伯河"右岸地区"仍然保持着传统的农奴制生产方式。在沙俄帝国统治下，第聂伯河左右两岸具有两种完全不同的经济发展模式，而不同的经济发展模式又对两个地区的人口组成、思维方式、语言文化等产生了不同的影响，这也是导致今天乌克兰东部和西部地区在族群结构、语言习惯和文化心理等方面存在较大差异的一个重要原因。

第二节　哈布斯堡帝国统治下的西乌克兰

一、哈布斯堡帝国③在西乌克兰地区的领土扩张

尽管东乌克兰地区的大部分土地在18世纪末～20世纪初期间是沙俄帝国

---

① 保罗·库比塞克著：《乌克兰史》，中国大百科全书出版社2009年版，第57页。
② Bohdan Krawchenko, Social Change and National Consciousness in Twentieth Century Ukraine (Edmonton: Canadian Institute of Ukrainian Studies, 1985). pp. 42–43.
③ 哈布斯堡帝国，在本书中指哈布斯堡家族统治下的以维也纳为中心的奥地利帝国（1804～1867年）和奥匈帝国（1867～1918年）。1867年6月奥地利帝国改名为奥匈帝国，1918年11月第一次世界大战结束后奥匈帝国解体。

版图的一部分，但是今天西乌克兰的部分土地在这段时间却始终处于沙俄帝国的统治之外。这部分土地主要包括东加利西亚地区、北布科维纳和外喀尔巴阡地区（即今天乌克兰的利沃夫、捷尔诺波尔、伊万诺·弗兰科夫斯克、外喀尔巴阡、切尔诺夫策五个州），它们在1918年以前的大部分时间是处于哈布斯堡王朝的统治之下。1772年哈布斯堡洛林王朝在与沙俄帝国和普鲁斯第一次瓜分波兰时，就从波兰手中夺取了加利西亚地区，后来加利西亚的归宿虽几经变化，但最终在1815年的维也纳会议上，奥地利帝国成功地让欧洲列强承认了其对加利西亚地区的"所有权"。布科维纳地区在历史上曾经受摩尔多瓦公国和奥斯曼帝国的统治，1774年哈布斯堡洛林王朝利用《君士坦丁堡协议》从奥斯曼帝国手里将布科维纳地区占为己有。而外喀尔巴阡地区早在11世纪就处于匈牙利的统治之下，18世纪初哈布斯堡洛林王朝通过联姻方式，将匈牙利王国统治下的外喀尔巴阡地区纳入自己的实际控制之下。这样，通过一系列的利益交换和威逼利诱，在19世纪初，哈布斯堡帝国总计获得了今天乌克兰西部地区7万多平方公里的土地，以及这块土地上的250多万人口，其中200万是后来发展成为今天乌克兰人的罗斯人。总体上看，哈布斯堡王朝对今天乌克兰西部的土地采取的是温和式的吞并，居住在这些土地上的罗斯人并没有在被征服过程中遭到大规模的杀戮，他们的家园在被征服的过程中被损毁的程度也比较小，奥地利人对罗斯人的语言文化和宗教信仰都采取相对包容的态度。这导致在哈布斯堡帝国统治下的西乌克兰地区虽然只占今天乌克兰领土的很小一部分（10%），但其与沙俄帝国统治下的东乌克兰地区却有着完全不同的民族文化发展经历，而这些独特的民族文化特征对后来的乌克兰独立运动产生了重要而深远的影响。

二、乌克兰民族文化的复兴与发展

在哈布斯堡王朝统治初期，波兰、罗马尼亚和匈牙利文化在西乌克兰地区占据主导地位，直到1818年，加利西亚地区的初等教育仍以波兰语为主，而高等教育则采用波兰语和德语。随着哈布斯堡家族"开明君主"制度的推广和实施，居住在这一地区的罗斯人在宗教信仰和文化生活上获得很大的独立性。哈布斯堡帝国在这一地区推行的"文化多元化"政策，奥地利人默许罗斯人发展自己的语言文化，使罗斯人得以最终摆脱波兰、罗马尼亚和匈牙利文化的压制，推动乌克兰民族文化的复兴与发展。19世纪30年代以后，以"罗斯三人小组"为代表的罗斯民粹派在强调罗斯人在语言文化方面与沙俄帝国的"小俄罗斯人"相近,而与"大俄罗斯人"不同的同时,不断努力发展具有自己特色的乌克兰语言文化。他们创办了自己的期刊、剧团、经济互助社和文化体育组织。1861年在利沃夫成立"罗斯社团",1864年创办"罗斯剧院",1868年成立"启蒙社",推动群众教育,1873年成立"舍甫琴科学社",1892年改名为"舍甫琴科科学协会",成为非官方的"乌克兰科学院"。[1] 19世纪中期以后,奥匈帝国同意在利沃夫大学成立罗斯语言文学系,允许在罗斯人为主的地区学校使用罗斯语教学,到了1914年加利西亚已经有超过2500所使用罗斯语的小学。此外,哈布斯堡帝国还对罗斯人采取了比较宽容的宗教政策,在罗马天主教和希腊礼天主教之间实行对等原则,让希腊礼天主教士与罗马天主教士拥有平等地位,不刻意谋求罗马天主教会在西乌克兰地区的垄断地位,全面取消对非天主教教会的歧视,这些举措都促进了西乌克兰地区希腊礼天主教的发展,许多希腊礼天主教神职人员,成为倡导乌克兰民族精神的先驱,代表性人物包括创作今天乌克兰国歌乐曲的米哈伊尔·维尔毕茨基神父(1815~1870年)。1848年欧洲革命后,在加利西亚地区的罗斯人掀起了声势浩大的民族独立运动。由希腊礼天主教会主教担任领导的"总罗斯拉达"发布宣言,声称罗斯人是不同于波兰人和俄罗斯人的独立民族,要求维也纳当局承认罗斯人为一个单独的民族,将东加利西亚单独组成"罗斯省",拉达还创办了报纸《加利西亚曙光》(1848~1857年),这些举动被一些人视为现代乌克兰民族主义的首次表达。[2] 19世纪末,成长起来的罗斯知识分子开始了重要的意识形态转轨,他们抛弃了之前的罗斯人自我定位,开始使用新的称谓——乌克兰人,这次称谓的改变对现代乌克兰民族认同具有重要意义。它强调了奥匈帝国和沙俄帝国境内所有乌克兰语使用者的共同性,主张乌克兰人和捷克人、斯洛伐克人和波兰人一样,也是一个民族,这与19世纪早些时期的文化表述和民族"表达"已经截然不同。19世纪90年代,乌克兰的社会活动家们(尽管只占人口的很少部分)提出把乌克兰独立作为乌克兰民族运动的最终目标。[3] 乌克兰激进党在1890年宣告成立时提出了乌克兰独立的建议,在1895年该党发表宣言,号召奥匈帝国和俄罗斯帝国的乌克兰人联合组建独立的乌克兰国家。1899年民族民主党成立,提出把乌克兰独立作为最终目标,并把加

---

[1] 王承宗著:《乌克兰史 西方的梁山泊》,台北市三民书局2006年版,第125页。
[2] 保罗·库比塞克著:《乌克兰史》,中国大百科全书出版社2009年版,第78页。
[3] 保罗·库比塞克著:《乌克兰史》,中国大百科全书出版社2009年版,第80页

利西亚分割为西部（波兰）和东部（乌克兰）两部分作为党的近期奋斗目标。该党成为在加利西亚的乌克兰居民中最受欢迎的政党，加利西亚地区很多乌克兰精英都是该党的成员，其中就包括著名的乌克兰作家伊万·弗兰科①。1899年，乌克兰社会民主主义者和马克思主义者还成立了"社会民主党"，把工作重点放在加利西亚地区的社会改造事业上，乌克兰著名女作家莱斯雅·乌克兰英卡②积极参加社会民主主义者组织的互助社和读书会活动，深入了解社会疾苦和劳苦大众的生活，并以此为素材，创作出来众多反映乌克兰民族精神的诗歌和文学作品。

在乌克兰文化复兴的同时，哈布斯堡帝国统治下的西乌克兰地区在19世纪末也出现了经济现代化和城市化的迹象，在19世纪70年代，外国资本还进入到这一地区的油田开发领域，到20世纪初，利沃夫的城市人口增加到20万，但总体上看，这段时期的西乌克兰地区还属于哈布斯堡帝国内部工业发展水平较低的农业地区，广大农村依然普遍贫穷，一些农民开始用激进的怠工和其他行动来反抗地主的剥削和压迫，而另一部分人则因为翻身无望而背井离乡。1890～1914年，由717000乌克兰人从西乌克兰地区迁往美国、加拿大和拉丁美洲，形成乌克兰人海外移民的第一次浪潮。③

---

① 伊万·弗兰科（1856～1916年），乌克兰著名作家、文学评论家、记者和社会政治活动家，1875年考入利沃夫大学哲学系。在学校期间出版第一本诗集《歌谣和故事》和以石油工人生活为题材的《鲍里斯拉夫短篇小说集》。1877～1899年因宣传革命思想和参加社会解放运动而屡遭奥匈帝国当局的逮捕、监禁和政治迫害，但始终意志坚定，奋斗不息，参与组建了乌克兰激进党和民族民主党，成长为出色的作家和社会活动家。他的文学作品充满了乌克兰民族主义思想。弗兰科的创作甚丰，作品有中篇小说《巨蟒》《鲍里斯拉夫在笑》，历史小说《扎哈尔·别尔库特》，剧本《被窃取的幸福》，诗集《高峰和低地》《落叶》《我的箴言》等。他的创作深刻地反映了乌克兰人民苦难的现实生活和为争取美好未来的斗争经历，洋溢着革命激情。他主张现实主义的创作方法，注意形式的民族化、大众化，坚持为人民的创作宗旨。自1908年起因健康情况恶化，转而从事文学翻译工作。译过荷马、但丁、莎士比亚、歌德等欧洲古典作家及普希金、果戈理等俄罗斯作家的作品，为介绍欧洲和俄罗斯文学做出了重要贡献。乌克兰独立后，乌克兰的伊万诺弗兰科夫斯克州及伊万诺弗兰科夫斯克市及其他许多乌克兰城市的高等院校（包括著名的利沃夫大学）、街道及剧院都用他的名字来命名。

② 莱斯雅·乌克兰英卡（1871～1913年），乌克兰女诗人、剧作家。生于贵族家庭，从小疾病缠身，但是仍然乐观坚强地从事创作。9岁时写成第一首诗歌《希望》，十几岁开始翻译普希金、果戈理、拜伦、雨果、海涅的作品。19世纪末开始与社会民主党人交往。代表作：诗歌《关于自由的歌》，诗剧《巴比伦的俘虏》《森林之歌》等。乌克兰独立后许多城市的学校、剧院和街道都以她的名字命名。

③ 保罗·库比塞克著：《乌克兰史》，中国大百科全书出版社2009年版，第80页。

第五章 苏联统治下的乌克兰

第一节 苏联创立前夕的乌克兰

1917~1922年在今天的乌克兰大部分土地上发生了持久不断的军事冲突,乌克兰人建立了数个短命的独立共和国,布尔什维克领导的苏维埃红军、邓尼金①和弗兰格尔②领导的反苏维埃的白军③、马赫诺④领导的无政府主义"黑

---

① 安东·邓尼金(1872~1947年),苏俄内战和外国武装干涉时期"白军"首领之一,俄国二月革命(1917年)后,邓尼金出任俄国资产阶级政府的最高统帅参谋长、西方面军和西南方面军司令,辅佐三任总司令。在科尔尼洛夫叛乱后,邓尼金受到牵连,于1917年9月同科尔尼诺夫一同被捕。十月革命后,邓尼金越狱逃往俄国南部,组织反布尔什维克"志愿军"进行反苏维埃政权的军事行动。1918年秋,在协约国扶持下担任"南俄武装力量"总司令,在南俄和乌克兰建立军事独裁统治。邓尼金率领的部队在1919年春夏期间,横行于乌克兰中部和东部地区,并于1919年8月31日攻占基辅。但红军在1919年冬天的战事中扭转劣势,于1919年12月15日攻占基辅。1920年3月,邓尼金武装被红军打垮,邓尼金率部退入克里米亚半岛,他的领导地位也被迫交给彼得·弗兰格尔。

② 彼得·弗兰格尔(1878~1928年),苏俄内战和外国武装干涉时期"白军"首领之一。1918年8月参加邓尼金组建的"志愿军",先后任骑兵师师长、军长、"志愿军"司令,后因与邓尼金发生权力之争,被邓尼金驱逐。1920年4月在协约国支持下,接替邓尼金出任克里米亚"俄军"总司令。1920年12月在苏维埃红军的进攻下,弗兰格尔兵败后逃亡国外。1924~1928年,弗兰格尔在法国巴黎成立"俄国军事联盟",1928年4月25日病逝于比利时布鲁塞尔。

③ 白军,苏俄内战时期(1918~1920年)反对苏维埃政权的军队,主要由支持沙皇的保皇党、军国主义者、自由民主分子和温和社会主义者组成,与苏维埃红军对立。

④ 涅斯托尔·马赫诺(1889~1934年),苏俄内战时期的重要人物,1918~1921年期间,马赫诺领导和组织了一支农民起义军——"乌克兰革命起义军"(也叫"黑军"),成为白军和红军之外的"第三势力"。马赫诺坚持自己的独立政策,既不盲从红军,又不屈就白军,时而同红军结盟打白军,时而又因政见不和与红军兵戎相见。马赫诺领导的黑军于1918年在乌克兰东南部地区建立了一个无政府主义社区——"乌克兰自由区",按照无政府主义政治原则组建"自由工农苏维埃",反对中央集权政府。马赫诺领导的黑军最终于1921年被红军彻底击败,马赫诺流亡国外并于1934年在巴黎客死异乡。

军"①、德国军队、波兰军队等在乌克兰的土地上频繁交锋,基辅也多次易手。

一、国内战争与苏维埃政权的建立

1917年俄国"二月革命"鼓励了沙俄境内多个民族争取更大的自治权及民族自决权,乌克兰民族主义者于1917年3月17日在基辅宣布成立"乌克兰中央拉达",由历史学家米哈伊尔·格鲁舍夫斯基②出任中央拉达主席;于1917年6月23日宣布自治,推选弗拉基米尔·温尼琴科③为领导人;11月4日宣布乌克兰独立,成立乌克兰人民共和国,作为未来俄罗斯民族民主联邦的自治单位;1918年1月22日宣布乌克兰人民共和国为"乌克兰人民独立的、不从属的、自由的主权国家"。④

1917年12月5日在乌克兰东部城市哈尔科夫召开了第一次全乌苏维埃代表大会,宣布成立另一个跟基辅政权分庭抗礼的"乌克兰苏维埃人民共和国",后改名为"乌克兰苏维埃社会主义共和国"。在俄罗斯苏维埃政权的支持下,乌克兰苏维埃共和国军队向中央拉达控制的乌克兰人民共和国发起进攻,并于1918年2月9日攻入基辅。1918年2月28日乌克兰苏维埃政权由哈尔科夫迁至基辅,并将基辅定为首都(1919年12月21日又迁回哈尔科夫,直至1934年)。

为了与布尔什维克领导的红军作战,乌克兰人民共和国向德意志帝国和奥匈帝国求助,1918年2月,德意志帝国军队依据与中央拉达签订的《布列斯

---

① 黑军,指马赫诺领导的"乌克兰革命起义军",因其军旗为黑色,通常被称为"黑军"。
② 米哈伊尔·格鲁舍夫斯基(1866~1934年),著名的乌克兰作家、历史学家和政治活动家。1917年当选中央拉达(议会)议长,1918年被选为乌克兰人民共和国总统。苏维埃红军占领基辅后,格鲁舍夫斯基移居至西欧。1924年,苏联政府允许格鲁舍夫斯基返回基辅并成为乌克兰科学院院士,1931年,苏联当局怀疑他鼓励民族主义思想,遂迫使其前往莫斯科的苏联科学院历史研究所工作。苏联时期,格鲁舍夫斯基的作品并未受到重视,苏联解体后,格鲁舍夫斯基的历史史观在独立的乌克兰被普遍接受和推崇。
③ 弗拉基米尔·温琴尼克(1880~1951年),乌克兰作家,20世纪初期苏俄内战和外国武装干涉时期乌克兰独立运动领导人之一。1917年4月担任中央拉达副主席,1917年6月~1918年1月乌兰自治政府领导人,1918年9月,出任反对盖特曼统治的乌克兰民族联盟主席,1918年领导武装起义推翻盖特曼统治,1918年11月~1919年2月,担任乌克兰人民共和国执政内阁主席。1919年2月移居西欧,1951年在法国去世。
④ 保罗·库比塞克著:《乌克兰史》,中国大百科全书出版社2009年版,第94页。

特协议》①，开始进攻俄罗斯和乌克兰苏维埃政权。德军于1918年3月1日攻占基辅，3月3日，迫使苏维埃俄罗斯政府代表签署了带有妥协性质的《布列斯特和约》②，布尔什维克红军被迫撤离基辅，中央拉达政府重新返回了首都。但是"乌克兰人民共和国"实施的各项社会经济政策，尤其是土地国有化政策，与为进行战争而最大限度地控制粮食供应的德国最高指挥部利益相抵触。1918年4月29日德国军队解散了"乌克兰人民共和国"，并扶持建立由前沙俄将军帕夫洛·斯科罗帕德斯基所领导的盖特曼傀儡政权"乌克兰国"。温尼琴科和彼得留拉③领导的执政内阁于1918年11月14～15日组织发动政变，推翻了"乌克兰国"，重建乌克兰人民共和国。但是重建的乌克兰人民共和国却与之前的共和国大不相同，既没有召开中央拉达会议，也没有邀请格鲁舍夫斯基主政，而是由5人组成的执政内阁掌握最高行政权和立法权。执政内阁起初由温尼琴科主持，从1919年2月起由彼得留拉主持。它试图建立一个有效的行政机构并妥善处理日益增加的经济问题和社会问题，但由于越来越混乱的国内局势，它的政策主张无法得到有效实施，在许多地方乌克兰人民共和国的权力有名无实或者根本不存在。

---

① 《布列斯特协议》，指乌克兰人民共和国与同盟国（德意志帝国、奥匈帝国）1918年2月9日签署的协议，协议承认乌克兰共和国对乌克兰9省的统治权，但协议附加的秘密条款规定乌克兰须向德国和奥地利军队提供给养。

② 《布列斯特和约》，全称《布列斯特—立托夫斯克和约》，是苏维埃俄国同德意志帝国及其同盟国（奥匈帝国、奥斯曼帝国、保加利亚）于1918年3月3日在布列斯特—立陶夫斯克（今白俄罗斯共和国布列斯特市）签订的停战条约。1917年，俄国十月革命胜利之后，由于原来沙俄帝国属于协约国一方而与同盟国处于交战状态，为了退出战争，新成立不久的苏俄政府在提出的和平建议被协约国拒绝后，与同盟国进行和平谈判。1918年3月3日，《布列斯特和约》正式签订。按照合约，苏俄割让323万平方公里领土，赔款60亿马克，承认乌克兰独立，并立即从乌克兰撤军，承认乌克兰人民共和国与同盟国之间签署的协议。《布列斯特和约》是苏俄政权被迫签署的暂时性停战协议，使苏俄尽早退出第一次世界大战，为巩固新生的苏维埃政权，恢复和发展经济、壮大红军赢得了时间，为后来消灭反对苏维埃政权的国内武装和击退外国武装干涉奠定了基础。

③ 西蒙·彼得留拉（1879～1926年），乌克兰记者、作家，20世纪初期苏俄内战和外国武装干涉时期乌克兰独立运动领导人之一。1917年4月作为西乌克兰部队代表参加中央拉达组织召开的全民族议会，并当选为军事委员会负责人，后因与中央拉达领导人产生意见分歧，彼得留拉返回军队并组建了斯洛博达兵团。1917年11月乌克兰人民共和国成立后，彼得留拉作为军队实权人物，逐渐成为乌克兰人民共和国政府的核心人物。领导乌克兰人民共和国军队反抗布尔什维克苏维埃红军，在1918年组织领导了推翻德国傀儡盖特曼政府的政变，并在1919年2月成为执政内阁主要领导人。在执政内阁被布尔什维克军队击败后，彼得留拉逃亡波兰，后移居巴黎，组织"乌克兰民族共和国"流亡政府。1926年，被乌克兰裔犹太无政府主义者刺杀身亡。

随着奥匈帝国在第一次世界大战中战败，加利西亚东部地区的乌克兰民族主义者于1918年11月1日在利沃夫先宣布成立"西乌克兰人民共和国"，脱离奥匈帝国。但新成立的"西乌克兰人民共和国"遭到当地波兰人的抵制，波兰人也宣布对加利西亚的所有权，并获得波兰第二共和国的援助。当波兰军队攻占利沃夫后，"西乌克兰人民共和国"于1918年11月11日被迫迁至捷尔诺波尔。在波兰军队的强大攻势下，西乌克兰共和国开始面向东方寻求支持，1918年12月1日"西乌克兰人民共和国"政府跟"乌克兰人民共和国"政府达成合并协议，并于1919年1月22日正式宣布两国合并，"西乌克兰共和国"成为"乌克兰人民共和国"的西部省份，西乌克兰地区在统一的乌克兰人民共和国内部享有高度自治地位，保留独立的政府架构及属于自己的乌克兰加利西亚军队。此外，乌克兰加利西亚军队仍然主要是与波兰部队作战，而乌克兰人民共和国的部队则主要是跟乌克兰苏维埃共和国及苏维埃俄国的军队交战。

1919年乌克兰全境战火纷飞，战事不断。一方面，布尔什维克领导的红军向乌克兰人民共和国发动新一轮攻势。1919年2月，红军部队重新夺回基辅，执政内阁被迫迁移到第聂伯河右岸地区并继续战斗。另一方面，在协约国（英国、法国、美国、意大利等国）的支持下，1919年5月，邓尼金领导的白军向苏维埃红军发起大规模进攻，红军在两面受敌后被迫撤退，彼得留拉领导的乌克兰人民共和国部队和邓尼金的白军在8月31日双双进入基辅。从9月到12月，彼得留拉部队一直同邓尼金部队作战，但最终战败，并向西北方向撤退，进入沃伦地区，被迫转入游击战争，彼得留拉本人也被迫出走波兰。此时，波兰部队已经击溃乌克兰加利西亚军队，占领了西沃伦和东加利西亚地区大部分领土。1920年4月28日彼得留拉和波兰政府在华沙签订秘密条约，条约规定：波兰承认"以彼得留拉为首的独立的乌克兰人民共和国的执政内阁为该国的最高权力机构，"波兰承认"乌克兰人民共和国拥有波兰1772年边界以东的领土权"。彼得留拉承认波兰对西乌克兰领土的并吞，并与波兰缔结军事经济联盟共同对抗苏维埃红军。1920年5月6日，波兰军队和乌克兰人民共和国军队攻占基辅。苏维埃红军于1920年5月底进行大反攻，于1920年6月12日夺回基辅，并将波兰军队驱逐至利沃夫和华沙。9月，波兰军队进行反击，苏维埃红军被重创后被迫撤退。10月12日，波兰与苏维埃俄国在里加达成停战协议，并于1921年3月18日正式签订《里加和约》，确定乌克兰西部的加利西亚和沃伦地区划归波兰，乌克兰东部、南部和中部地区为乌克兰苏维埃社会主义共和国领土。

二、加入苏联与乌克兰化的发展

除西部乌克兰的加利西亚和沃伦地区被波兰占领，喀尔巴阡地区处在捷克斯洛伐克的统治之下，北布科维纳和比萨拉比亚南部被罗马尼亚占领外，乌克兰苏维埃社会主义共和国在红军的支持下，在1921年已经基本上控制了前俄罗斯帝国所属的乌克兰东部、南部和中部大部分地区。1922年12月30日，乌克兰苏维埃社会主义共和国和俄罗斯联邦苏维埃社会主义共和国、白俄罗斯苏维埃社会主义共和国及外高加索联邦社会主义共和国（包括亚美尼亚、格鲁吉亚和阿塞拜疆）一道共同组建苏维埃社会主义共和国联盟（简称苏联）。

乌克兰苏维埃社会主义共和国创建初期直到20世纪30年代，苏维埃政府对乌克兰民族文化采取宽容政策，并在政治上实行"乌克兰化"或"本土化"政策，让乌克兰的民族身份得以确立，甚至是多元民族组成的乌克兰东部和南部地区也受到乌克兰民族概念的影响。乌克兰苏维埃社会主义共和国的政治基础是各级苏维埃，由最高苏维埃会议决定和产生政府（1934年之前首都为哈尔科夫，后迁往基辅），乌克兰共产党是执政党，成立于1918年1月，接受苏共中央领导。1922年乌克兰共产党只有56000多名党员，只占共和国人口的0.2%，其中仅1/4的党员为乌克兰裔，而且只有11%的人懂乌克兰语。① 乌克兰共产党通过"乌克兰化"和"本土化"政策，提拔任用了包括政府总理丘巴尔在内的一大批乌克兰裔干部。丘巴尔是首位乌克兰族出身的政府总理，1923年7月出任总理后发布的第一道政府决议就是推广普及乌克兰语，给予乌克兰语等同于俄语的地位。1925年，卡冈诺维奇②担任乌克兰共产党第一书记后，党员干部队伍的乌克兰化得到进一步发展，被安置于领导岗位的乌克兰裔所占比重不断提升，到1927年，乌克兰裔官员已占党政干部半数以上。政府在教育、媒体和艺术领域推广使用乌克兰语，乌克兰语教育迅速发展，提高了说乌克兰语的农村人口的识字率，促进了乌克兰文化的传承与发扬。1929年83%的小学和66%的中学使用乌克兰语教学，另有16%的中学使用乌克兰

---

① Serhy Yekelchuk, Ukraine: Birth of Modern Nation (Oxford: Oxford University Press, 2007), P. 90.
② 拉扎尔·卡冈诺维奇（1893~1991年），原苏共中央主席团委员，苏联部长会议第一副主席。1925~1928年担任乌克兰共产党第一书记，1930~1935年担任莫斯科市委第一书记，1957年6月，同莫洛托夫、马林科夫、布尔加宁等试图解除赫鲁晓夫的领导职务，被定为"反党集团"成员，开除出主席团和中央委员会，1962年被开除党籍，晚年在莫斯科赋闲。

语和俄语双语教学，1929年乌克兰共有54种乌克兰语报纸（而俄语报纸只有20种），1931年更是达到顶峰，89%的报纸使用乌克兰语。

客观上看，在苏联创立初期，共产党主导和推动乌克兰化的主要目的还是为了扩大和加强党的群众基础，通过乌克兰化促使更多的乌克兰人逐步接受和认同苏维埃理念。因此，这一时期的乌克兰化主要是集中在文化和教育等领域，并未涉及乌克兰政治独立的问题。

在经济领域，1918~1920年苏维埃政权推行的"战时共产主义政策"①，给乌克兰经济造成了巨大破坏。再加上随后发生的自然灾害，造成乌克兰在1921~1922年的饥荒中有100万人饿死。1921年苏维埃政权开始推行"新经济政策"②，该政策部分地恢复了工商业中的私营企业，并用固定税取代余粮征集制以及农民有权在自由市场上出售剩余农产品。随着新经济政策的实施，乌克兰经济得到逐步恢复和发展，到1927年，乌克兰的经济已基本上恢复到第一次世界大战前的水平。

第二节 苏维埃乌克兰

一、第二次世界大战前的乌克兰

当斯大林经历党内斗争掌控大权后，苏联政府对乌克兰的政治经济政策也在20世纪20年代末期开始发生变化。1928年实施的国民经济发展第一个五年规划，标志新经济政策的结束和全面工业化政策的开始。在30年代，苏联中央政府向乌克兰经济投入大量资金，把乌克兰建成了苏联最重要的工业基地。虽然工业部门的重点放在重工业上，而且集中在顿涅茨克盆地及聂伯河中央地区，但乌克兰工业的总体发展成就还是有目共睹的。到第二次世界大战爆发时，乌克兰工业产量增加了4倍，工人人数增加3倍，城镇人口比例从占总

---

① 战时共产主义政策，是苏维埃政权在1918~1920年国内战争时期采取的经济政策，又称军事共产主义。主要包括国内贸易和全部工业企业国有化政策、余粮征集制、义务劳动制、实物配给制等，这些政策统称为战时共产主义政策。

② 新经济政策，是苏维埃政权在1921~1929年期间实施的经济政策。新经济政策的一项重要内容是以征收粮食税代替余粮收集制。农民按国家规定缴纳一定的粮食税，超过税额的余粮完全归个人所有，大大减轻了农民的负担。并且允许外资企业和国家暂时管理无力经营的企业，恢复商品货币关系进行调节生产的作用。

人口的19%增加至34%，人民生活水平得到极大改善。

农业领域大规模集体化开始于1929年，从1929年10月到1930年3月，乌克兰集体农场的比例从9%增加到了65%，而到1935年底则超过了90%。但乌克兰的农民普遍抵制集体化，他们毁坏农业生产工具、焚烧谷物，还时常参与纵火、暗杀等破坏活动。因此，全盘集体化并没有实现提高农业生产效率的既定目标，反而使农业总产值大幅下降，并导致乌克兰出现了1932~1933年大饥荒[1]，夺走了几百万乌克兰人的生命。

在工业化和集体化的同时，苏联政府还以反对"民族主义倾向"为名，在乌克兰发起了一场"反乌克兰化"运动。"乌克兰资产阶级民族主义"被苏联政府宣布为乌克兰苏维埃社会主义共和国面临的首要问题，大量乌克兰报刊、出版物及大、中、小学的教学语言被转换成俄语，众多乌克兰知识分子、作家以及艺术家遭到逮捕，随后被监禁、流放或被处死。到1933年末，"乌克兰化"基本上被消除殆尽，"俄罗斯化"政策开始在乌克兰全面实施。随后的1934~1938年，乌克兰又成了"大清洗"[2]的重灾区，大批乌克兰干部和知识分子遭到监禁和枪决，许多乌克兰人被迫迁往西伯利亚等地定居。

二、第二次世界大战中的乌克兰

斯大林一直试图夺回波兰占领的西乌克兰地区，实现乌克兰民族在社会主义苏维埃国家内的统一。1939年8月，苏联与纳粹德国签订互不侵犯条约，其中的秘密议定书划分了两国在波兰的势力范围，将波兰境内的加利西亚东部、波多利耶西部和沃伦西部地区划归给苏联。1939年9月1日，德国法西斯军队进攻波兰，1939年9月17日，苏联红军以保护波兰境内的白俄罗斯和

---

[1] 大饥荒（Holodomor），特指1932~1933年发生在乌克兰苏维埃社会主义共和国的大饥荒。据估计，有315万~718万乌克兰人死于这一事件。虽然同一时期在苏联各地都发生了饥荒，但"Holodomor"一词通常用来特指在乌克兰民族聚居区内发生的饥荒。乌克兰大饥荒是在斯大林农业集体化运动的背景下出现的灾难，造成饥荒的原因有自然因素，但更主要的是人为因素。历史学家认为苏联政府在这次大饥荒中起了推波助澜的作用，致使大饥荒的后果更加惨重。而当代乌克兰许多政治家和民族主义者更是认为这次饥荒是苏联政府故意制造的、针对乌克兰民族的"饥荒种族清洗"行动，把大饥荒看作是苏联政府清洗乌克兰民族主义者的"种族灭绝"行为。2002年时任乌克兰总统库奇马签署法令，将每年的11月22日定为"大饥荒纪念日"。

[2] 大清洗（又称"大整肃"），指在1934~1938年，在苏联爆发的一场政治镇压和迫害运动（又称"肃反运动"，它包括对党内内部干部的清洗以及对无辜百姓的迫害，运动的结果是斯大林的个人崇拜达到了前所未有的状态，但同时也使苏联的党、政、军失去了一大批优秀干部）。

乌克兰同胞免遭纳粹蹂躏为借口，出兵进入西乌克兰地区。在苏联红军的保护下，西乌克兰地区居民于10月22日投票选举"西乌克兰国民会议"代表，4天后，选出的代表们集会要求将西乌克兰并入苏联，1939年11月1日，苏联政府批准了西乌克兰代表的请求，西乌克兰正式成为乌克兰苏维埃社会主义共和国的组成部分。

　　1941年6月苏德战争爆发，乌克兰首当其冲被战火蹂躏。西乌克兰地区民族主义者寄望德军协助建立一个独立的乌克兰国。1941年6月26日，乌克兰民族主义者武装占领利沃夫，6月30日宣布成立"乌克兰国"。乌克兰民族主义者组织（OUN）领导人班德拉①与舒赫维奇②和纳粹德国积极合作，从纳粹手中获得资助，组建乌克兰起义军（UPA）。乌克兰民族主义者和乌克兰起义军不仅与德军协同对苏联红军作战，还与纳粹德国党卫队及盖世太保③（德语"国家秘密警察"的缩写音译）合作，参与德军占领下的基辅等城市的民政管理。纳粹德国组建了以乌裔为主的"乌克兰解放军"，这支部队人数最多时达8万人。纳粹德国允许班德拉将其行动总部设在德国首都柏林，并为乌克兰民族主义者组织和乌克兰反抗军提供大量军备及情报援助。乌克兰民族主义者与纳粹德国一道，大肆捕杀犹太人和波兰人，留下了很多历史污点，最骇人

---

① 斯捷潘·班德拉（1909～1959年），第二次世界大战期间乌克兰民族主义组织领导人，1934年，组织密谋暗杀波兰内务部长，1940年以后，班德拉领导乌克兰民族主义组织和"乌克兰起义军"与纳粹德国军队合作，与苏联军队作战。第二次世界大战结束后逃亡西方，1959年在联邦德国慕尼黑遭苏联特工暗杀身亡。班德拉至今是乌克兰国内最备受争议的历史人物，他在西乌克兰一些地区（如利沃夫）被视为乌克兰人的"民族英雄"，是乌克兰极右派民族主义者所推崇的精神偶像。但是他跟纳粹合作的历史也不能为人所忘，在东乌克兰地区很多人视其为"纳粹走狗"。2010年1月，时任乌克兰总统尤先科授予班德拉"乌克兰英雄"称号，引起波兰的强烈抗议，因为班德拉领导的乌克兰民族主义组织在第二次世界大战期间屠杀了10万波兰人，波兰总统卡钦斯基称这是颠倒历史黑白的行为。2011年1月，时任乌克兰总统亚努科维奇宣布撤销授予班德拉的"乌克兰英雄"称号，引发乌克兰西部民族主义者强烈抗议。

② 罗曼·舒赫维奇（1905～1950年），第二次世界大战期间乌克兰民族主义组织和"乌克兰起义军"的领导人之一，是班德拉领导的乌克兰激进民族主义组织骨干成员。1938年负责组建喀尔巴阡乌克兰民族武力量总司令部，领导乌克兰民族主义者军队参与纳粹德国对苏联红军的作战；1942年，参与组建乌克兰起义军；1943年成为乌克兰起义军领导人，组织了1943年对沃伦地区波兰人居民点的大清洗；第二次世界大战后在西乌克兰地区领导和组织反抗苏联的游击战；1950年3月5日在利沃夫附近被苏联安全部队击毙。

③ 盖世太保，德语"国家秘密警察"的缩写音译，它在成立之初是纳粹德国的秘密警察组织，后加入大量党卫队人员，发展成为无所不在、无所不为的恐怖统治机构。纳粹德国通过盖世太保来实现对德国及被占领国家的控制。

听闻的事件发生在1944年，乌克兰民族主义者为了实现"从未来的乌克兰国的领土中清洗所有非乌克兰裔居民"的疯狂目标，在西沃伦和东加利西亚地区对波兰人进行了残暴的种族大屠杀，惨遭杀害的波兰人超过10万人。

1943～1944年苏联军队发动反攻并逐步收复了今天乌克兰的大部分领土，并把乌克兰的边界大大向西扩展。1944年9月苏联与罗马尼亚签署《罗苏停战协定》，将北布科维纳和比萨拉比亚南部地区纳入乌克兰苏维埃社会主义共和国版图。① 1944年10月，苏军解放了被希特勒占领的外喀尔巴阡地区。1945年6月29日，苏联政府同捷克斯洛伐克共和国签订了《外喀尔巴阡乌克兰条约》，将外喀尔巴阡地区划归乌克兰苏维埃社会主义共和国。1945年8月16日，苏联又与波兰签订了关于波兰—乌克兰边界的条约，将东加利西亚和沃伦地区正式划入苏联版图。这样，第二次世界大战结束后，乌克兰的绝大部分领土已经划归至乌克兰苏维埃社会主义共和国。

第二次世界大战期间，乌克兰共有410万名战士及140万名平民丧生，另有390万乌克兰人被迫逃亡或被纳粹德国送去"集中营"从事强迫劳动。总计约1900万乌克兰人在第二次世界大战后流离失所，乌克兰的工业基础完全被摧毁，面临严重的战后重建和恢复生产的巨大压力。

三、第二次世界大战之后的乌克兰

乌克兰于第二次世界大战后迅速重建并恢复工业生产，成为苏联工业经济发展的火车头。铁路和煤炭—冶金工业属于首要目标，到1945年底，已经恢复战前月1/3的工业生产力。在战后第一个五年计划期间（1946～1950年），乌克兰工业恢复到战前水平，但集体农庄的生产力水平还比较落后，1946年的自然灾害导致1946～1947年农业歉收，饥荒再度导致数十万人流离失所。1948～1949年乌克兰地区大范围实施农业集体化，集体化的结果又重演了1929～1933年悲剧，西乌克兰地区的部分农民开始逃遁至森林，组织游击队，反抗苏联的统治，一直到1952年苏联才彻底平息了西乌克兰地区的乱局。

---

① 早在1940年6月，苏联政府以比萨拉比亚原属俄国和北布科维纳的居民主要是乌克兰人为由，派军队占领比萨拉比亚和北布科维纳地区，并将比萨拉比亚大部与摩尔达维亚自治共和国合并，建立了摩尔达维亚苏维埃加盟共和国；将比萨拉比亚南部沿海地区和北布科维纳地区划归乌克兰。第二次世界大战期间苏德战争爆发后，罗马尼亚占领了比萨拉比亚和北布科维纳，1944年苏联夺回这两个地区，根据1944年9月签订的《罗苏停战协定》，又恢复了1940年6月的苏罗边界。

第五章 苏联统治下的乌克兰

1953年3月斯大林去世后,继任的苏联最高领导人的赫鲁晓夫①作为一名来自乌克兰的"改革者",给乌克兰带来很多积极的变化。赫鲁晓夫把乌克兰看作是自己的权力基地,大力提拔很多乌克兰干部进入莫斯科的苏联领导层。在政治上委派乌克兰裔掌控地方党政大权,经济权力也由苏联中央下放给地方,乌克兰苏维埃社会主义共和国的部委从莫斯科手中获得了更多的企业控制权。莫斯科给予乌克兰农业注入了更多的国家投资,农产品产量和农民收入水平都有大幅度提高,文化艺术领域给予了更大的自由化。1954年2月19日,为了庆祝《佩列亚斯拉夫协定》签订300周年,由赫鲁晓夫提议,苏联将克里米亚地区从俄罗斯联邦社会主义共和国划赠给乌克兰苏维埃社会主义共和国。1964年,赫鲁晓夫在党内保守派的压力下辞去职务,另一位出身于乌克兰的领导人勃列日涅夫②成为苏共总书记。在勃列日涅夫统治初期,谢列斯特③担任乌克兰共产党第一书记,谢列斯特小心翼翼地推行着温和的乌克兰化政策,让乌克兰语和文化出现短暂的复兴。许多年轻的知识分子开始要求党减少对艺术领域的控制,并对乌克兰文化表示更多的尊重,他们被称作"六十年代人"。其主要代表人物包括著名的诗人伊万·德拉克和文学批评家伊万·德祖布。④ 但是,谢列斯特在1972年被解除职务,并于第二年被迫完全退休,莫斯科指责谢列斯特犯了多项政治错误,包括将乌克兰历史理想化和煽动民族主义情绪。⑤ 谢列斯特的继任者谢切尔比茨基⑥推行强硬的俄罗斯化政策,大

---

① 尼基塔·赫鲁晓夫(1894~1971年),苏联政治家,曾任原苏联共产党中央委员会第一书记及原苏联部长会议主席(总理),1953~1964年为原苏联党和国家最高领导人。

② 列昂尼德·勃列日涅夫(1906~1982年),苏联政治家。曾任苏联共产党中央委员会总书记、苏联最高苏维埃主席团主席、苏联国防委员会主席。1964~1982年为原苏联党和国家最高领导人。在任期间,苏联的军事力量大大增强,成为军事上的超级强国。执政后期,政策趋于保守,大搞个人崇拜,苏联经济陷于停滞。

③ 彼得·谢列斯特(1908~1996年),乌克兰党务活动家。1963~1972年担任乌克兰共产党第一书记,是乌克兰苏维埃社会主义加盟共和国的最高领导人。在其任内,乌克兰文化曾经有过短暂的兴盛。

④ 伊万·德祖布(1931~),乌克兰著名作家、文学评论家,是20世纪六七十年代苏联主要的持不同政见者,他的手稿《国际主义还是俄罗斯化?》(1965)批评了苏联的民族政策,在德祖布看来,是苏联摧毁了乌克兰的语言和文化,他于1972年被捕,直到被迫收回其批评言论后才被释放。

⑤ 保罗·库比塞克著:《乌克兰史》,中国大百科全书出版社2009年版,第129页。

⑥ 弗拉基米尔·谢切尔比茨基(1918~1990年),1972~1989年担任乌克兰共产党第一书记,是乌克兰苏维埃社会主义加盟共和国的最高领导人,是苏联领导人勃列日涅夫的亲密盟友,在担任乌克兰领导人期间,以扩大俄罗斯化政策并强硬压制反对意见著称。他反对戈尔巴乔夫的自由化改革,并对封锁切尔诺贝利核电站事故信息负有责任,于1989年被撤职。

肆镇压异议运动，逮捕持不同政见者。整个20世纪70年代，乌克兰民族主义分子和人权活动分子不断遭到逮捕，在全苏联被关押的政治犯中乌克兰人占到半数以上。1975年苏联签署了保障包括言论自由等人权的《赫尔辛基协议》[①]后，乌克兰成立了一个《赫尔辛基协议》观察小组，他们要求政府遵守协议，其领导人为鲁登科。到70年代末，《赫尔辛基协议》观察小组的成员几乎全部被关进集中营或流亡国外，此外关进精神病院也成了一种新的政治迫害方法。

　　勃列日涅夫担任苏联领导人后期，包括乌克兰在内的整个苏联陷入社会与经济停滞状态。整个20世纪70年代和80年代，乌克兰的经济一直在滑坡。增长率下降，尤其是重要的冶金工业和煤炭工业，为一些严重问题所困扰。连续数年自然灾害，加上集体农场管理模式的过度集中，使农业生产处于十分不利的状况。1986年4月26日，位于乌克兰北部靠近白俄罗斯边界的切尔诺贝利核电站发生核泄漏，造成严重的核辐射灾难。这一事件成为导火索，对乌克兰乃至整个苏联都产生了诸多影响，它激励人们争取更多的政治公开性，开创乌克兰环保运动的先河，全面揭露了苏联政府对核辐射受害群众生命安全的漠不关心，引发乌克兰人对乌克兰在苏联的地位提出质疑，激发了乌克兰人对民族历史和语言文化的思考，推动乌克兰民族主义运动的兴起。

---

　　① 《赫尔辛基协议》，又称《赫尔辛基最终法案》或《赫尔辛基宣言》，1975年8月，芬兰首都赫尔辛基举行了关于国际安全与欧洲合作的会议，共37个国家（包括美国、苏联、加拿大和除阿尔巴尼亚、安道尔外的全部欧洲国家）签署了这项协议，旨在改善共产主义阵营与西方国家的关系。赫尔辛基协定的主旨有三个要点。第一要点是政治军事安全问题；第二要点是经济合作和环境方面的科技合作；第三要点是整个协定中最重要的，涉及人权保护问题。协定签署后，许多国家成立了《赫尔辛基协议》观察小组，负责监督协议在各签约国的执行情况，推动各国在法制发展和人权保护，防止地区冲突，在欧洲重建和平与稳定。

第六章 当代政治

第一节 乌克兰独立运动

一、乌克兰独立前夕

苏联末期，在整个苏联东欧阵营的民族主义运动汹涌澎湃的背景下，谢尔比茨基的俄罗斯化政策、切尔诺贝利核灾难、社会经济停滞、政府官僚腐败等问题，点燃了乌克兰民族主义运动的火焰。民族主义运动在西部乌克兰地区宛如星星之火呈现燎原之势，而且势头愈来愈猛。1989 年 9 月"乌克兰人民争取改革运动"（简称"鲁赫"）① 宣告成立，虽然成立之初"鲁赫"的口号是支持戈尔巴乔夫的改革和新思维，但在切尔诺维尔②等人的主导和推动下，"鲁赫"迅速发展成为乌克兰民族运动的领头羊。1990 年 1 月 21 日，为纪念 1919 年 1 月 22 日东西两个乌克兰人民共和国的短暂统一，"鲁赫"组织发动

---

① 乌克兰人民争取改革运动：1989 年 9 月由成立的具有政治色彩的社会组织，由乌克兰著名作家德拉奇担任主席，在 1992 年 12 月举行的该组织第三届全国代表大会上，宣布成立人民运动党（简称"鲁赫"），由切尔诺维尔担任党主席，属于中右政党，成员以民族主义者居多，在乌西部地区影响较大。主张乌克兰独立和主权，坚决推行市场经济和私有化，建设民族、民主国家。对外亲西疏俄，主张加入欧盟和北约。1999 年切尔诺维尔在交通事故丧生后，该党发生分裂，分为乌多文科派和科斯坚科派。乌多文科派于 1999 年 5 月在原鲁赫的基础上成立乌克兰人民鲁赫党，由鲍里斯·塔拉修克担任主席。科斯坚科派于 2003 年 1 月组建乌克兰人民党，纲领是保障人权、民主和民族自由；建立以私有化为主的社会市场经济，与欧洲和世界经济一体化；促进乌民族精神的复兴，保护并全面发展乌克兰民间文化传统和习俗。主席为尤里·科斯坚科。

② 维切斯拉夫·切尔诺维尔（1937～1999 年），乌克兰著名记者、政治活动家，乌克兰独立运动倡导者之一，在 20 世纪六七十年代因其政治主张多次被捕，是 1989 年 9 月成立的乌克兰人民争取改革运动的主要发起人，自 1992 年 12 月起担任乌克兰人民运动党（鲁赫）主席，1991 年、1994 年参加乌克兰总统选举落选，1990～1999 年任乌克兰最高拉达议员，在 1999 年总统选举前在基辅发生交通事故丧生。

100万人手牵手组成从基辅到利沃夫长达450公里的人链。

在乌克兰西部谋求独立运动轰轰烈烈进行的同时，乌克兰东部地区顿涅茨克的煤炭工人们在1989年夏天也发起大规模的示威游行，不过他们不是谋求乌克兰民族独立，而是以经济诉求为主：抗议莫斯科中央政府对乌克兰索取过多，投入过少；抗议环境受污染，收入和生活水平低下，抱怨住房条件恶劣。

在原苏联的三个波罗的海加盟共和国（立陶宛、拉脱维亚和爱沙尼亚）于1990年3~5月先后宣布脱离苏联独立后，乌克兰东部要求改善民生和西部要求独立的两股力量最终达成对乌克兰独立的共识，乌克兰民族独立运动进入新的发展阶段。

二、乌克兰独立进程

1990年，苏共中央二月全会和3月14日苏联人民代表大会否定了苏联宪法中对共产党执政地位的规定，苏联迅速形成多党制。在这一背景下，乌克兰各种政党纷纷成立，公开活动。这些政党和组织大都主张乌克兰独立，实行新的政治制度。

1990年3月4日，乌克兰苏维埃社会主义共和国历史上第一次有非共产党的党派和群众团体①参加的最高苏维埃②选举举行，由"鲁赫""绿色世界"环保协会、历史—文化组织"纪念"、乌克兰赫尔辛基小组、"舍甫琴科"乌克兰语协会共同组成的"民主集团"获得了25%的选票，在最高苏维埃中获得90个席位，他们联合了一些独立议员（22人），组成了"人民拉达"议员

---

① 在1990年3月14日的乌克兰最高苏维埃选举时，包括1989年9月成立的"鲁赫"和1989年10月成立的乌克兰民族党在内的所有非共产党的政党均未获正式登记注册，它们是以群众团体的名义和其他40多个群众团体共同组成"民主集团"，作为"民主集团"的代表参加选举。在原乌克兰苏维埃社会主义共和国第一个获得正式注册登记的非共产党的政党是"乌克兰共和党"，该党是在乌克兰赫尔辛基小组的基础上组建的民族主义政党，1990年4月29日获准正式登记，党主席为卢基扬年克。主张民族自决、民族复兴、建立民主的公民社会，建立议会制共和国，推行自由经济。随后，又相继出现了乌克兰基督教民主党、乌克兰国家自治联盟、乌克兰农民民主党、民主联盟、乌克兰民主党和乌克兰社会民主党等政党及政党联盟等非共产党的政党。

② 乌克兰独立后，我们依据乌克兰文音译，将最高苏维埃的中文译名统一为"乌克兰最高拉达"，简称"最高拉达"，即乌克兰议会。实际上，乌克兰语"Рада"（汉语音译"拉达"）与俄语"Совет"（汉语音译"苏维埃"）的字面含义都是"会议"的意思。2008年9月前，国内通常使用"乌克兰最高苏维埃"的称谓，自2008年9月4日起"乌克兰最高拉达"的译法开始普及。

团（108个议员）。这样，民族民主派议员在最高苏维埃中占了30%。而以莫罗兹①为代表乌克兰共产党"民主改革派"则拥有239个议席，他们经常与反对党议员精诚合作，联手组成事实上的"多数派"，在涉及乌克兰民族自治和民族发展等问题上与苏共中央意见相悖，从而导致听命于莫斯科的乌克兰共产党领导人逐渐失去对乌克兰最高苏维埃的控制权，无法控制乌克兰局势的未来发展走向。

1990年3~4月，在乌克兰西部的利沃夫等地一些政府机构的建筑上开始悬挂起带有独立象征意义的"黄蓝相间"旗帜，1990年4月，在"鲁赫"领导人切尔诺维尔等人的主导下，利沃夫州议会发表声明，谴责"苏俄军队1919年和1939年对乌克兰的两次占领"，议员们要求承认乌克兰加入苏联是非法的，因为"这种加入的决定是由被占领的政权所作出的"。② 4月22日，"鲁赫"和独立乌克兰青年联盟、"舍甫琴科"乌克兰语协会、"纪念"、"绿色世界"等群众组织以保护环境为名，在基辅发动大规模的示威游行活动，明确提出"乌克兰独立"和"脱离苏联"的政治诉求。

1990年6月，"民主改革派"控制的乌克兰共产党第18次代表大会提议乌克兰最高苏维埃尽快通过关于乌克兰独立主权的相关决议。1990年7月乌克兰共产党第一书记伊瓦什科宣布辞去乌克兰最高苏维埃主席，赴莫斯科担任苏共中央第二书记。乌克兰共产党保守派代表人物古连科被任命为乌克兰共产党第一书记，而时任乌克兰共产党第二书记、主管意识形态工作的克拉夫丘克③当选

---

① 亚历山大·莫罗兹，1944年2月19日生于乌克兰基辅州。1965年毕业于乌克兰农业科学院。1990~1994年任乌克兰最高拉达（乌克兰第一届议会）农业政策委员会副主席。1991年10月组建乌克兰社会党并出任党主席，1994年7月~2007年9月担任乌克兰最高拉达议员（第二、三、四、五届议会），期间于1994年7月~1998年3月、2006年7月~2007年9月先后两次出任乌克兰最高拉达议长。

② 卡西扬诺夫著：《乌克兰 1991~2007当代史纲》，基辅"我们的时代"出版社2008年版，第19页。

③ 列昂尼德·克拉夫丘克，1934年1月10日生于乌克兰罗文州。1958年毕业于国立基辅大学。1958~1960年任切尔诺维茨州财政学校教师。1960~1967年历任切尔诺维茨州宣传部工作人员、书记秘书、宣传部主任。1988~1990年历任乌共中央意识形态部部长、书记处书记。1990年6月22日任乌共中央政治局常委、乌共中央第二书记。1990年7月23日~1991年12月1日任乌克兰最高拉达主席（乌克兰第一届议会）。1991年12月1日当选乌首任总统，在1994年6月举行的第二届总统选举中落选，1994年7月~2007年9月为乌克兰最高拉达议员（第二、三、四届议会）。

为最高苏维埃主席,普柳希①当选最高苏维埃第一副主席。7月16日,乌克兰最高苏维埃以355票通过了"主权宣言"。1990年8月2日,最高苏维埃通过"乌克兰经济独立宣言"。1990年8月,"鲁赫"发起"哥萨克荣耀日"纪念活动,庆祝"扎波罗热塞契创立500周年",参加者提出了包括对哥萨克盖特曼马泽帕重新进行历史评价、复兴乌克兰民族之魂等一系列倡议。虽然活动本身并不具有民族主义特征,但是"鲁赫"等民族主义政党和组织以此为契机,组织起大规模的"自由、自决、独立"运动,1990年9月,乌克兰西部开始出现捣毁列宁像的系列活动,利沃夫、捷尔诺波尔、伊万诺·弗兰克夫斯卡等地位于市中心的列宁纪念碑被移除。1990年9月底,"鲁赫"又组织了几十万人参加的大规模示威抗议活动,要求乌克兰拒绝签署新的联邦条约,更换国家领导人,召回在外服兵役的乌克兰人。1990年10月,基辅市学生组织罢课行动,在市中心搭建帐篷,进行绝食抗议活动,要求解散最高苏维埃和政府、共产党和共青团资产国有化、在多党制基础上重新举行选举、拒绝签署新的联邦条约。基辅学生的抗议活动不仅得到全国高校的广泛支持,而且得到来自企业厂矿的工人代表们的支持。1990年10月16日,学生、工人、阿富汗战争的老兵、知识界的成员共计15万人在最高苏维埃附近聚集,要求议会和政府实施民主化、经济改革和履行关于乌克兰独立自主的承诺。10月下旬,在基辅市"兵工厂"工人兄弟们的鼎力支持下,学生运动取得了初步成效——马索尔政府被解散,但他们的其他政治诉求并未得到乌克兰最高苏维埃的回应。1990年11月,克拉夫丘克邀请俄罗斯最高苏维埃主席叶利钦访问乌克兰,克拉夫丘克与叶利钦签署了内容广泛的《乌俄条约》,公开反对戈尔巴乔夫关于签署新联邦条约的计划。

三、苏联解体与乌克兰宣布独立

1991年3月17日,苏联举行新联盟条约的全民公决投票,苏联总统戈尔巴乔夫希望各加盟共和国签署新的联盟条约,成立一个"平等主权国家的新联邦"。在立陶宛、拉脱维亚、爱沙尼亚、摩尔多瓦、格鲁吉亚和亚美尼亚6个加盟共和国拒绝投票的背景下,克拉夫丘克在全面公决的选票上增添了一个

---

① 伊万·普柳希,1941年9月11日出生,毕业于乌克兰农科院和苏共中央社会科学院,农学家,乌克兰国家科学院院士。自1984年9月起历任基辅州执委会第一副主席、主席。1990年3月任基辅州苏维埃主席,人民代表。1990年7月~2002年3月任乌克兰最高拉达议员(第一、二、三届议会)。期间于1990年7月~1991年12月任乌克兰最高拉达第一副主席。1991年12月~1994年4月、2000年2月~2002年3月先后两次出任乌克兰最高拉达议长。

问题"你是否同意在《乌克兰主权宣言》的原则下成为苏维埃主权国家联邦的一员?"在9个参与投票的苏联加盟共和国中,78%的选民赞成保留苏联。在乌克兰,有超过80%的具有选民资格的公民参与投票,有70.5%的选民投票支持保留苏联。但是,有80.2%的人投票支持了克拉夫丘克增加的问题。虽然在问题中使用了"主权"的字眼,但在实际操作中意味着什么却依然很模糊。克拉夫丘克倾向建立一种没有中央的国家联盟,希望建立一个主权国家的联盟。

1991年8月19日,就在新的联盟条约即将在莫斯科签字的前一天,苏联保守主义势力宣布成立国家紧急状态委员会,将苏联总统戈尔巴乔夫软禁("8·19事件")。乌克兰共产党第一书记古连科站到紧急状态委员会的一面,而克拉夫丘克就采取了谨慎立场,表示准备接受莫斯科那边的任何结果。[①]

"8·19事件"最终以紧急状态委员会的失败告终,苏联共产党的一切活动受到限制和禁止。克拉夫丘克审时度势,立即宣布退出苏共中央和乌共中央。1991年8月24日,乌克兰最高苏维埃以346票对1票通过"独立宣言",8月24日被正式确定为乌克兰独立日(国庆节)。8月25日,乌克兰最高苏维埃通过将乌共、苏共财产国有化的决议,8月26日,宣布暂时中止乌共活动,8月30日,乌克兰最高苏维埃以"乌克兰共产党支持8·19国家政变并且使这种政变蔓延至乌克兰全境"为由宣布禁止乌共的一切活动。至此,作为苏联共产党分支的乌克兰共产党被正式取缔。乌共被取缔后,原乌共领导人莫罗兹着手创建新的左翼政党组织——乌克兰社会党,原乌共党员的90%以上成为社会党的首批党员。[②] 这样,在最高苏维埃中的原乌克兰共产党人民代表能够以社会党党员的名义继续保持他们的议员席位。1991年9月4日,乌克兰最高苏维埃正式悬挂"蓝黄相间"的乌克兰国旗,9月20日,建立乌克兰国家安全局,取代之前的克格勃。10月8日,通过公民法,所有生活在乌克兰境内的居民自动成为乌克兰公民。1991年10月,乌克兰最高苏维埃正式拒绝签署《苏联加盟共和国经济合作条约》并向全体公民发出倡议,在12月1日的全民公决中投票支持乌克兰独立。1991年12月1日,乌克兰举行关于独立全民公决和选举第一届总统的投票,在符合条件的3700多万选民中,

---

① 保罗·库比塞克著:《乌克兰史》,中国大百科全书出版社2009年版,第152页。
② 丁军、王承就等著:《转型中的俄罗斯、乌克兰和白俄罗斯》,世界知识出版社2010年版,第187页。

84%的人参加投票,结果90%以上的人赞成乌克兰脱离苏联,成立独立的国家——乌克兰共和国(各地区得票率分别为:西部97%,中部95%,东部88%,南部87%)。[①] 12月8日,乌克兰、俄罗斯和白俄罗斯的领导人在明斯克签署别洛韦日协定,成立独立国家联合体。1991年12月21日,苏联宣布解体,乌克兰成为独立的主权国家。

综观乌克兰的独立历程,我们可以发现:在乌克兰独立运动蓬勃生发之际,尽管乌克兰共产党仍控制着大局,但乌共领导层已开始现分裂。一部分党的领导人敏感地觉察到苏联已难再依靠,他们深深地悟到:对于独立,与其被动抗拒,不如主动迎合,可能会获得更多的支持。时任乌克兰最高苏维埃主席的克拉夫丘克正是这部分共产党人的典型代表,他迅速从苏联的拥护者转变成批判者,从乌克兰民族独立运动的镇压者变成支持者。可以说,当年如果没有克拉夫丘克这些掌控着巨大行政资源,从共产党党内部分裂出来的所谓的共产党精英的支持与合作,乌克兰的独立是很难想象的。

第二节 独立之后的政局演变

一、克拉夫丘克统治时期(1991~1994年)

乌克兰独立后,在国家构建、政治稳定、经济发展和开展国际合作等方面都面临一系列挑战,虽然政体由原苏联的党政一体转为三权分立体制,但在1996年乌克兰新宪法问世前,苏联时期的1978年宪法仍未失效,这个宪法并不适应独立初期的"三权分立"现实,尤其是无法在总统、议会和政府间明确划分各自权限和行为,于是便激发了总统制还是议会制之争。国家政体到底实行总统制还是议会制或混合制,总是定不下来。在这种情况下,总统和议会在国家立法和施政过程中总是矛盾重重,总统、议会和政府之间以及各党派之间斗争不断。

在1991年12月1日举行的关于乌克兰独立和选举第一届总统的投票中,共有六名候选人竞选乌克兰总统。竞选实际上是在"激进"的右翼力量与"稳健"的左翼力量之间展开,但是"激进"的右翼力量未能推出统一的候选

---

① Taras Kuzio and Andrew Wilson, Ukraine: Perestroika to independence, New York: St. Martin's 1994, P. 187–189.

人，切尔诺维尔、卢克扬年克、尤赫诺夫斯基等人均独立参加竞选。克拉夫丘克作为左翼竞选人，得到社会党的支持，同时他的前乌克兰共产党第二书记的背景，也获得了那些不希望乌克兰未来发展走向极端的选民的支持，而且克拉夫丘克作为时任最高苏维埃领导人，手中握有大量行政资源，最终克拉夫丘克以62%的得票率战胜了切尔诺维尔（23.3%）、卢克扬年克（4.5%）、尤赫诺夫斯基（1.7%），当选为独立的乌克兰第一任总统。12月5日，克拉夫丘克正式宣誓就任乌克兰总统。克拉夫丘克经历了从"苏联国家的捍卫者到乌克兰国家的卫士，从苏联的支持者到批评者，从乌克兰民族主义的反对者到民族主义的杰出代表"的成功转型①，就任总统后立即采取了很多带有"乌克兰"化色彩的政策措施，来强化国家和公民的乌克兰民族认同。在全国范围内强化推广乌克兰语的使用，大力支持独立的乌克兰东正教会，压制俄罗斯东正教会。上述举措在乌克兰西部赢得巨大支持的同时，在乌克兰东部和南部一些地区遭到明显的抵制。与此同时，克拉夫丘克在经济领域却建树平平。1992年乌克兰宣布脱离俄罗斯主导的卢布区，发行自己的临时货币——库邦，恶化了乌克兰与原苏联各加盟共和国之间的传统经济联系，引发国内出现恶性通货膨胀（2150%），导致国家经济和居民生活水平大幅下滑，政府总理福金于1992年宣布辞职，克拉夫丘克任命第聂伯罗彼得罗夫斯克州南方机械制造厂总经理、乌克兰议会国防和国家安全委员会委员库奇马②为政府总理。但库奇马也因与总统、议会之间发生严重矛盾被迫于1993年辞职。克拉夫丘克本应任职4年至1996年，但由于国内政治、经济、社会危机严重（1993年乌克兰预算赤字占GDP的比重升至30%，引发恶性通货膨胀，1993年底通胀率高达10256%，被世界银行冠以全球之最）。乌克兰最高拉达宣布在1994年提前举行议会和总统选举，以避免社会出现动荡局面。1994年3月27日开始至4月10日结束的乌克兰最高拉达选举是乌克兰独立后举行的首次议会大选。选举是按照多数代表制原则、以不少于投票总数的50%选票的规则进行的。共有30个政党参加选举，最终有14个政党的代表进入议会。选民的政治参与性不

---

① 保罗·库比塞克著：《乌克兰史》，中国大百科全书出版社2009年版，第158页。
② 列昂尼德·库奇马，生于1938年8月9日，乌克兰族。1960年毕业于第聂伯罗彼得罗夫斯克大学。技术学副博士、教授。从政前为导弹专家，曾先后任南方设计局副总设计师和南方机械制造厂总经理、拜科努尔发射场实验部主任等重要职务。鉴于库在航天方面的卓越贡献，1991年库被授予乌工程院院士称号。1992~1993年任乌内阁总理。1994年7月当选乌独立后第二任总统，1999年11月~2004年12月连任总统。

高是 1994 年乌克兰议会选举的特点之一，450 个议会席位中只选出了 338 位代表。经过重新登记注册的乌克兰共产党①在大选中赢得胜利，在议会中获得 96 席，成为议会中的第一大党。其他进入议会的政党及获得议席为："鲁赫"（20 个议席），农民党②（19 个议席），社会党③（15 个议席），共和党④（11 个议席），劳动党⑤（5 个议席），乌克兰民族党⑥（5 个），乌克兰民主复兴党⑦（4 个），乌克兰社会民主党⑧（2 个），乌克兰民主党⑨（2 个），乌克兰基督教民主党⑩（1 个）。其余席位为独立代表人席位。乌克兰共产党、社会

---

① 乌克兰共产党：1993 年 10 月在原苏联共产党乌克兰共产党基础上重建并在司法部获准登记。主张以马列主义理论和思想为基础并根据新的条件和任务不断丰富马列主义学说。恢复社会主义政治体制，主张进行稳健的改革，优先发展集体所有制经济和集体经营方式，以实现共产主义为奋斗目标，支持发展乌俄关系和推动独联体一体化进程，在原苏联范围内建立起各独立国家人民的兄弟联盟。乌共中央第一书记彼得·西蒙年科。

② 乌克兰农民党，又称乌克兰农民民主党，成立于 1990 年 6 月。主张建立法治国家，用政治多元化取代政党专政，发展多种所有制经济，反对激进改革方针，反对私有化，主张实行集体所有制，把土地及其他财产归还农民并允许继承。主席为亚历山大·特卡琴科。

③ 乌克兰社会党：1991 年 10 月 26 日成立。主张在政治上建设民族民主国家，反对极端民族主义，在经济上实行渐进的改革，建立保障社会公正、真正民主和人权的社会主义社会。主席为亚历山大·莫罗兹。

④ 乌克兰共和党：1990 年 4 月 29 日成立。民族主义政党。党的主席为列·卢基扬年克，党报为《乌克兰通讯》。该党主张乌克兰民族自决、民族复兴、民族福利，建立具有民主制度的公民社会。在政治方面，该党主张建立议会制共和国。在经济方面，主张自由经济制度。

⑤ 劳动党：1992 年 5 月成立。主要由企业工人和知识分子组成。在政治上，该党主张实行"国家为人民而不是人民为国家"的原则，在法制基础上建立立法、执行和司法三权分立的国家政权机构，强调乌克兰应实行"议会－总统制"。党的目标是建立公民社会。该党纲领主张在政治上实行新的方针，即要体现乌克兰大多数居民，特别是物质生产者的利益。在经济方面，该党主张，实行经济改革应依据现实主义和经济效益原则。要保证生产者的经济自由，实行私有化，各种所有制形式平等、自由选择所有制形式。

⑥ 乌克兰民族党：于 1989 年 10 月在利沃夫成立。创建该党的倡议人是马卡尔。党的主席是普里赫季克。党刊为《乌克兰时钟》，党报为《民族呼声报》。该党主张政治民主，实行政治多元化。在经济方面，主张变国有制为多种所有制，实行经济民主。

⑦ 乌克兰民主复兴党：成立于 1992 年 12 月，主张实行市场经济，建立独立的民主国家。党的机关刊物是《民主选择通报》。

⑧ 乌克兰社会民主党：于 1990 年 5 月成立。党主席为诺先科。反对马列主义，主张建立有广泛自治的非集中化的权力结构，有人权保障的民主法治国家。

⑨ 乌克兰民主党：1990 年 12 月在基辅成立。党主席为巴德齐奥。党的机关报为《呼声报》。该党的目标是，建立一个民主和人道的社会，保障各民族信仰自由，保障人民福利。

⑩ 乌克兰基督教民主党：于 1990 年 4 月在利沃夫成立。其前身为 1988 年 1 月在利沃夫成立的乌基督教民主阵线。党主席为西奇科。党报为《复活报》。该党的目标是使乌成为独立的基督教国家。

党、农民党组成的左派联盟成为议会多数派,社会党主席莫罗兹被选为议长,农民党领导人特卡琴科①为第一副议长。1994年6月26日乌克兰举行第二届总统选举,克拉夫丘克、库奇马、莫罗兹等7名候选人参加了竞选。在首轮选举中,7名候选人中无一人获得50%以上的法定选票。得票最多的克拉夫丘克(38.4%)和库奇马(31.2%)进入第二轮角逐。7月10日,在第一轮选举中得票低于克拉夫丘克的库奇马,在第二轮总统选举中以52.2%的得票率击败了克拉夫丘克(45.1%),当选为乌克兰独立后的第二任总统。

二、库奇马的第一任期(1994~1999年)

1994年库奇马出任总统后,总统和议会之间围绕经济和政治改革问题纷争不断。这期间,虽然库奇马和最高拉达相互妥协,制定了《政权法》(1994年12月)和《宪法条约》(1995年6月7日)等过渡性法律文件,但总统、议会和政府三者之间各自的权限一直未能明确确定。库奇马主张实施总统—议会制:总统有权解散议会,总统掌握总理任命实权,让政府在总统领导下,建立由总统领导全国的垂直的权力执行机构。而最高拉达则主张实行议会—总统制,议会不仅有权弹劾总统,而且总统提名的政府人选须经议会批准才能任职,政府部长随时要接受议会的质询②。在库奇马的咄咄压力下,最高拉达中以社会党和共产党为代表的左翼力量开始与以"鲁赫"为代表的右翼力量合作,共同组成反库奇马联盟,展开议会与总统之间的权力博弈。这一时期乌克兰政局的特点是总统和议会之间进行权力和利益的争夺。最终库奇马采取合纵连横,分化瓦解的方式,在1996年6月28日推动议会通过了以总统—议会制为基本原则的新宪法,结束了独立6年来的制宪斗争乱局。

1996年宪法确立了三权分立、民主、法律、人权、自由以及人民至上的原则,规定了总统、议会、政府的各自权限和相互制约关系,并对司法机构(法院、检察院)的职能和权限、武装力量在国家政体中的地位和作用、地方政权以及地方自治等问题都做了相应的规定。从总体上看,新宪法赋予总统更

---

① 亚历山大·特卡琴科(1939~),1939年3月7日出生于基辅州,1966~1985年苏联共青团和乌克兰共产党塔拉山地区支部书记、捷尔诺波尔州党委书记;1985~1991年农工委员会副主席,1991~1992年任乌克兰经济部部长,乌克兰农民党主席,1994~2006年任乌克兰最高拉达议员,期间于1994年5月~1998年4月任乌克兰最高拉达第一副议长,1998年7月~2000年1月任乌克兰最高拉达议长。

② 马贵友主编:《列国志·乌克兰》,社会科学文献出版社2003年版,第55页。

多的权力，规定总统在征得议会同意后，有权任命或解除政府总理职务。总统根据政府总理的提议，负责任命或解除内阁成员及其他中央权力机构及国家行政管理机构负责人职务。政府隶属总统领导，政府的活动要对总统负责，如果议会连续两次否决政府施政纲要，则总统可提前解散议会，举行新的议会选举。虽然宪法也赋予议会在一定条件下弹劾总统的权力，但却规定只有在宪法法院认定总统严重犯罪的情况下，议会才可就弹劾总统提案进行表决，而且，只有获得2/3以上的支持票（300票），弹劾才能生效。从实质上看，1996年宪法将乌克兰的政体确立为总统—议会制，使库奇马获得了比其前任更多的权力，随着权力的扩大，库奇马逐渐开始任人唯亲并发展裙带关系，与总统关系密切的政治精英们开始利用职权掠夺大量国家财富。

从1996年通过宪法到1999年的总统选举，乌克兰国内政治斗争表现出明显的贫富相争的特征。这一时期库奇马在寡头利益集团的推动下，大肆推行私有化，引发广大贫苦大众的强烈不满，以乌克兰共产党为首的左派政党获得了普通民众的广泛支持，在国家大政方针上与支持库奇马的精英力量展开激烈斗争。1998年3月29日，乌克兰最高拉达（议会）举行换届选举，全国约70%的选民参加了投票。这次选举，是按新的选区和政党比例制相结合的选举办法进行的：即将议会总共450个议员席位划分为两部分，50%的议席（225席）分配给各政党或政党联盟，凡在议会选举中达到或超过4%法定票数的党派，即可入选新一届议会，成为议会的党团，并根据党派得票比例分配议席；另外50%的议席是单一选区席位，全国划分225个选区，按单一选区投票，选区的议员候选人只要获得简单多数选票即可当选议员。从最终的选举结果看，得票率超过4%进入议会的政党共有8个，其中乌克兰共产党得票率高居榜首，获得了约25%选票，党团议席125席，连同选区议席总共占有174席，即占议会全部议席的40%。其他左翼政党社会党和农民党联盟、乌克兰进步社会党①也分别获得8.6%和4%的支持率，与左翼政党获得选民广泛支持形成鲜明对比的是，右翼政党——"鲁赫"的支持率仅为9.4%，在议会中获得了32个席位，比在上届议会中席位减少了60%，其他由自由主义者、极端民族主义者组成的右翼政党均未能进入议会。其他进入议会的4个政党为中派政党，支

---

① 乌克兰进步社会党：1996年4月20日成立。主张建立公正的社会主义和法治国家，反对现政权及其推行的政治、经济和社会政策；认为乌应积极参与独联体一体化进程和俄白联盟，拒绝加入北约和欧盟。主席为娜塔利娅·维特连科。

持率分别为：绿党①5.4%；人民民主党②5%；村社党③4.6%；统一社会民主党（联合）④4%。乌克兰共产党连同盟友社会党和农民党联盟、进步社会党等左派政党组成议会多数派，虽然乌克兰共产党领导人西蒙年科⑤试图担任议会主席，但是两次投票均只获得221名议员的支持，少于法定226票，最后与共产党关系密切的农民党主席特卡琴科当选为议会主席。库奇马政府面临左派的强大压力。

议会选举之后的乌克兰政局"贫富"对峙的色彩愈发明显。支持库奇马的东部寡头利益集团，主要包括第聂伯罗彼得罗夫斯克集团⑥和顿涅茨克集团⑦。他们主要得益于库奇马推行的大型国有企业私有化，而私有化的受害者则成为乌克兰共产党、社会党、农民党等传统左派政党的主要支持者，这一时期的政治斗争主要是寡头与贫苦大众的对立，明显地表现为贫富阶层的对峙，

---

① 乌克兰绿党：中派政治力量，1990年10月成立。主张通过协调经济需求与环境保护的关系，保障人权和民主自由，在民主、慈善、人道的原则上振兴国家。对外主张中立、不结盟，反对外国以任何形式在乌驻军。主席为维塔利·科诺诺夫。

② 乌克兰人民民主党：1996年2月24日成立。主要由中央和地方行政机构官员组成，曾被称为"政权党"。支持库奇马总统的改革方针，主张改变原有所有制关系，实现土地市场化，强化社会保障，反对腐败和犯罪。该党主席瓦列里·普斯托沃伊坚科于1997年7月~1999年11月出任政府总理。

③ 乌克兰村社党：1996年由前总理拉扎连克组建并担任党主席，由统一能源公司总经理季莫申科担任该党第一副主席，成员以乌克兰东部第聂伯彼得罗夫斯科地区的企业界和知识界人士为主，主张建立民主国家和公民社会，推行市场经济，加速私有化进程。在党主席拉扎连克因巨额贪污被通缉逃往美国后，季莫申科在该党基础上于1999年创立"祖国"党。

④ 乌克兰统一社会民主党（联合），中派政党，1990年5月27日成立，成员34.5万，主要来自知识和工商界。主张发展市场经济和自由贸易，赋予企业更多的经营自主权，坚决推行税改，完善社会保障，反对经济成为政治斗争的牺牲品，赞成乌全面融入欧洲，同时搞好同俄的关系。主席为维克托·梅德韦丘克。

⑤ 彼得·西蒙年科，1952年8月1日生于乌克兰顿涅茨克州。1974年毕业于顿涅茨克技术学院电力工程系。1974~1975年任顿涅茨克煤炭机械学院助理研究员。1975~1988年任乌克兰共青团顿涅茨克州委员会委员、第二书记、书记。1988~1990年任乌克兰共产党马里乌波里市委书记、顿涅茨克州委第二书记。1991~1993年任乌克兰国家煤炭机械公司副总经理。1993年当选为乌克兰共产党中央第一书记。1994~2014年任乌克兰最高拉达议员。1999年、2004年、2010年参加乌总统大选均落选。

⑥ 第聂伯罗彼得罗夫斯克寡头集团，也称第聂伯帮，最初的领导为前第聂伯罗彼得罗夫斯克州州长、总理拉扎连克，在拉扎连克因贪腐受贿等罪名被通缉逃亡美国后，该集团分为两部分，一部分以季莫申科为首领，另一部分以平丘克为首领，平丘克后来成为库奇马的女婿。

⑦ 顿涅茨克寡头集团，又称顿涅茨帮，最初的领导为顿涅茨克大佬谢尔班，在1996年谢尔班在顿涅茨克机场被枪杀后，乌克兰首富阿赫梅托夫成为该集团的新首领，成为众多政党和政客背后的金主。

并没有什么东西地域差别。特别是西部地区由于缺少大型国企的私有化寡头，支持库奇马政权的主要是支持私有经济的民族主义者，这些人大多属于中产阶层，在政治取向上相对右倾，他们与西部极端民族主义者为代表的极右政治力量在反对乌克兰共产党等左派政党方面的目标是一致的。

1999年11月乌克兰举行第三届总统选举，在东部寡头利益集团和西部民族主义者共同的支持下，库奇马最终获得56.3%的支持率，战胜乌克兰共产党第一书记西蒙年科（36.8%）获得连任。总统大选后，乌克兰国内政治力量对比也发生新的变化，西部民族主义者开始与东部寡头利益集团一道参与国家权力分配。1999年12月，库奇马提名西部民族主义者代表、乌克兰中央银行行长尤先科担任乌克兰政府总理。2000年1月21日议会中10个中、右党团联合组成议会多数派，拥有276个席位。2月1日，议会多数派重新选举了议会领导人，左翼少数派失去了议长、第一副议长及大多数议会委员会主席职务，议会多数派推选普柳希取代特卡琴科出任议会的新议长，并将从苏联时期连续的"第14届最高苏维埃"改为从乌独立以来的"第3届最高拉达"，拆除议会大厦上的原苏联国徽图案。

三、库奇马的第二任期（1999~2004年）

在第二任总统任期期间，库奇马本人及其亲信滥用权力牟取巨额经济利益的行为日益激起西部民族主义者和东部寡头利益集团的不满，乌克兰出现了一波接一波的"倒库"运动。

2000年9月16日，《乌克兰真理报》记者贡加泽神秘失踪并被砍头分尸的"贡加泽案件"，成为全国范围大规模倒库运动的直接导火索。社会党领袖莫罗兹在11月28日召开记者招待会，宣称库奇马是"贡加泽案件"的幕后主谋。莫罗兹展示了前总统办公厅警卫梅利尼琴科少校提供的录音带，该录音带偷录了库奇马和总统办公厅主任利特温①及内务部长克拉夫钦科三人秘密商议除掉贡加泽的谈话。

---

① 弗拉基米尔·利特温，1956年4月28日生于乌克兰日托米尔州。1978年毕业于国立基辅大学历史系。1979~1986年先后任基辅国立舍甫琴科大学历史系助教、讲师、资深讲师、副教授等职。1986~1991年历任乌克兰共产党中央委员会顾问、书记秘书等职。1991~1994年任国立基辅大学副教授、教授。1994~2002年历任乌总统助理、总统办公厅副主任、总统办公厅主任。2002年5月~2006年3月、2008年12月~2012年10月两次出任乌克兰最高拉达议长。

库奇马第二总统任期的另一个重要事件是季莫申科①贪污和行贿案。季莫申科在 1996~1997 年担任乌克兰统一能源系统公司总经理,与时任乌克兰总理的拉扎连科②关系密切,曾垄断乌克兰的天然气供应,身家超过百亿美元,被誉为"乌克兰的天然气公主""石油女皇"。1998 年季莫申科当选最高拉达议员,是拉扎连科领导的反对库奇马的"统一党"议员团主要代表,并在反对库奇马的左派政党支持下出任议会预算委员会主席。但在 1999 年拉扎连科因贪污罪名被通缉逃亡美国后,季莫申科开始联合第聂伯罗彼得罗夫斯克和扎波罗热地区的经济界人士组建"祖国党",代表部分第聂伯罗彼得罗夫斯克集团寡头利益,并开始与支持库奇马的其他东部寡头合作支持库奇马参加 1999 年的总统选举。这样,在与乌克兰共产党总书记西蒙年科的较量中,库奇马得到来自第聂伯罗彼得罗夫斯克集团和顿涅茨克集团寡头们以及来自西部民族主义者们的一致支持。在库奇马获得总统选举胜利后,支持库奇马的力量开始"论功行赏",对国家的权力进行了重新分配。这样,2000 年 1 月,代表第聂伯罗彼得罗夫斯克集团一部分寡头利益的季莫申科开始在尤先科政府中出任副总理,主管能源领域。但上任之初,季莫申科推行的诸多政策举措严重侵犯了以平丘克为代表的另一部分第聂伯罗彼得罗夫斯克集团、阿赫梅托夫为代表的顿涅茨克集团和苏尔基斯、梅德韦丘克为代表的基辅和哈尔科夫地区众多寡头的利益。在东部和中部地区寡头的集体反攻下,乌克兰总检察院对季莫申科展开贪污及行贿立案调查,俄罗斯军事法庭也就涉嫌国防采购行贿案传讯季莫申科,季莫申科面临多项指控,于 2001 年 2 月被判入狱,在牢狱中度过 42 天。虽然后来寡头间达成"谅解",季莫申科也被"无罪释放"。但这次风波,造成了季莫申科与库奇马的对立。出狱后季莫申科开始积极参与声势浩大的"乌克兰没有库奇马"运动,并成为后来的"橙色革命"的领导者,最终成长为乌克兰政坛的"铁娘子"。

---

① 尤利娅·季莫申科,1960 年 11 月 27 日生于乌克兰第聂伯罗彼得罗夫斯克。1984 年毕业于国立第聂伯罗彼得罗夫斯克大学。1991 年 5 月起任"乌克兰汽油"公司总经理。1995~1997 年任"乌克兰统一能源系统"联合体董事长。1997~1999 年为乌克兰村社党第一副主席。1999 年 12 月至今任乌克兰"祖国"联盟主席。2000 年 1 月~2001 年 5 月乌克兰政府副总理。乌克兰第二、三、四届议会议员。2005 年 1~9 月乌克兰政府总理,2007 年 12 月~2010 年 3 月乌克兰政府总理。

② 帕维尔·拉扎连科,1953 年 1 月 23 日出生于乌克兰第聂伯罗彼得罗夫斯克州,1994 年 6 月~1995 年 9 月任第聂伯罗彼得罗夫斯克州州长,1995 年 9 月~1996 年 5 月任乌克兰政府第一副总理,1996 年 5 月~1997 年 7 月任乌克兰政府总理。1998 年乌克兰检察机关以滥用职权、贪污罪名对其提起诉讼,1999 年 2 月逃亡美国,寻求政治避难。

2001年3月9日乌克兰爆发了反对库奇马统治的大规模示威游行活动，但过去领头反对库奇马的乌克兰共产党并未参与，社会党成为反库奇马运动的左翼，中坚力量是季莫申科领导的"祖国党"，而右翼则是包括"鲁赫"在内的众多来自乌克兰西部的民族主义者。西部民族主义者大规模参与"倒库"运动，导致代表西部民族主义者利益的总理尤先科与库奇马总统之间的矛盾和分歧日益激化。2001年4月26日，尤先科被迫辞职，乌工业企业家联盟党主席①基纳赫出任乌克兰政府新一任总理。

2002年3月乌克兰举行第四届议会选举，代表东部和中部地区寡头利益的政党组成"为了统一的乌克兰"联盟②，利用行政和财政资源在选举中赢得大量选票，获101个议席，尤先科领导的"我们的乌克兰"联盟获得112席、乌克兰共产党获得65席、乌克兰统一社会民主党（联合）获得24席、乌克兰社会党获得23席、季莫申科联盟③获得22席。在单一选区选举中，众多寡头也纷纷推出自己的利益代言人，充分发挥人力、物力和财力优势，赢得大量选票成功当选议员，在议会中组建"独立议员"团（94席）。在多轮协商和就权力分配达成一致后，"为了统一乌克兰"联盟联合统一社会民主党和"独立议员团"组成议会多数派。总统办公厅主任利特温出任议长，来自顿涅茨克集团的瓦西里耶夫出任副议长，而来自基辅利益集团的统一社会民主党人津琴科为副议长。

2002年议会选举后，总统与议会的关系发生微妙变化，国家的大政方针由之前的总统主导慢慢向议会主导的方向转变。3月28日，库奇马与议会多数派协商后，就权力分配达成新的"分权方案"。规定由议会多数派推选总理和内阁人选，并扩大地方议会和政府的权力。2002年11月，库奇马应议会多

---

① 乌克兰工业家和企业家联盟党：2000年2月9日成立，成员主要来自乌克兰工业家和企业家联盟，现有党员10万人，在乌克兰全境拥有600个地方组织。该党主张深化经济改革，扩大工业生产能力，提高乌科学技术潜力，扩展对外交流，建立高效的市场经济。主席为阿那托利·基纳赫。

② "为了统一的乌克兰"联盟，为参加2002年3月乌克兰议会选举而组建的竞选联盟，由时任总统办公厅主任利特温担任联盟主席，包括地区党和劳动党等代表东部寡头利益的政党都参加了该竞选联盟，成员主要由中央和地方各级政府部门负责人、大企业家和银行等金融机构代表组成，又称"政权党"。

③ 季莫申科联盟，又称"祖国"联盟：右派，1999年7月9日成立。主张建立民主国家和公民社会，推行市场经济，扩大社会福利，加速私有化进程。主席为尤利娅·季莫申科。

数派要求，解除了基纳赫①总理职务，任命顿涅茨克集团利益代言人、顿涅茨克州州长亚努科维奇②为总理并组成新政府。中央政府和各地方政府主要权力部门逐渐被顿涅茨克寡头利益集团所掌控。顿涅茨克集团对国家经济利益的全面掌控进一步引起以季莫申科为代表的部分第聂伯罗彼得罗夫斯克集团寡头和以尤先科为代表的西部民族主义者的强烈不满，他们团结在一起，联合组成反对派，与顿涅茨克集团为首的执政当局展开激烈的权力争夺，双方的矛盾和斗争不断激化，并最终引爆了"橙色革命"。

2004年10月31日，乌举行独立后第四届总统选举，24名候选人参选。反对派领导人"我们的乌克兰"联盟主席尤先科和时任总理亚努科维奇分别获得39.87%和39.32%的得票率。由于所有候选人得票均未超过半数，第二轮选举于11月21日在尤先科和亚努科维奇之间举行。根据选举结果，亚努科维奇以49.46%的得票率战胜尤先科。但反对派拒不承认选举结果，强烈质疑选举公正，认定亚努科维奇存在严重舞弊，极力渲染尤先科"二噁英中毒"的阴谋论以博取同情，并发动上百万支持者在基辅和中西部各主要城市进行示威抗议活动，在全国范围爆发了有组织的"橙色革命"。美国和欧盟对乌克兰执政当局不断施加压力，威胁冻结乌克兰寡头在海外资产，以库奇马女婿平丘克为首的部分第聂伯罗彼得罗夫斯克集团寡头及以阿赫梅托夫为首的顿涅茨克集团寡头，在权衡利弊之后决定放弃支持亚努科维奇。2004年12月初，乌克兰宪法法院作出了第二轮选举无效的裁决。12月26日，举行总统选举第二轮重新投票。尤先科以51.99%的得票率胜出（亚努科维奇的得票为44%），亚努科维奇于2004年12月30日宣布辞去总理职务，"橙色革命"取得胜利。

四、尤先科统治时期（2005~2010年）

2005年1月23日尤先科宣誓就任乌克兰新总统。2005年1月24日，尤

---

① 阿纳托利·基纳赫，1954年8月4日生于摩尔多瓦，乌克兰族。1992~1994年任乌总统驻尼古拉耶夫斯克州代表。1994年6月任该州苏维埃主席。1995年7月~1996年9月任乌主管工业政策的副总理，自1996年10月起任乌工业家企业家联盟主席。1998年3月当选乌第三届议会议员，并任议会工业政策委员会主席。1999年7~12月任第一副总理。之后任总统顾问、乌工业企业家联盟主席。2001年5月~2002年11月任乌政府总理。

② 维克多·亚努科维奇，1950年7月9日生于乌克兰顿涅茨克州，乌克兰族，经济学博士。1996年8月~1997年5月，先后任顿涅茨克州副州长、第一副州长。1997年5月~2002年11月，任顿涅茨克州长。2002年11月~2005年1月、2006年8月~2007年12月两次出任政府总理，2010年2月~2014年2月任乌克兰总统。

先科提名季莫申科为新任乌克兰总理。2005年2月4日，乌克兰最高拉达通过季莫申科的总理提名。但仅仅过了7个月，尤先科于9月8日以"政府缺乏团队精神"为由解散了季莫申科政府。随后，尤先科提名自己的亲信、第聂伯罗彼得罗夫斯克州州长叶哈努罗夫①为总理人选。9月22日，最高拉达表决通过对叶哈努罗夫的总理提名。盛怒之下的季莫申科宣布其所在政党"季莫申科联盟"成为议会反对派，"橙色革命"政治盟友尤先科与季莫申科从此分道扬镳。

2006年1月1日，乌克兰宪法改革方案②正式实施，乌政体由总统－议会制过渡到议会—总统制。总统权力被削弱，议会权力得到实质性扩大。由议会多数派负责组建内阁，总统仅有权提名外长和国防部长人选，而其他内阁成员人选由总理提名，议会批准任命，议会拥有解散政府的权力。在新的议会－总统制下，最高拉达中的"季莫申科联盟"、地区党和共产党议员团通力合作，于2006年1月11日，通过了对叶哈努罗夫政府的不信任案，叶哈努罗夫内阁被议会解散。

2006年3月26日，乌克兰政体改革后的首次最高拉达选举开始，这次选举采取单一的党派比例制，即所有参加选举的候选人只能以政党名义参选，当选议员如果脱离该政党，其议员资格将自动丧失。共有45个政党参加角逐，根据选举结果，5个党派进入新一届议会，其中亚努科维奇领导的地区党③得

---

① 尤里·叶哈努罗夫，1948年8月23日出生于俄罗斯雅库特自治共和国，布里亚特族，经济学副博士、副教授。1993年8月~1994年8月任经济部副部长，1994年8月~1997年2月任国有资产委员会主席，1997年2~7月任经济部长，1999年12月30日~2001年5月任政府第一副总理，2001年6~11月任总统办公厅第一副主任和国家行政改革委员会第一副主席，乌第三、四届议会议员，2005年4~9月任第聂伯罗彼得罗夫斯克州州长，2005年9月~2006年8月任政府总理。

② 2004年12月8日，乌克兰议会通过宪法修正案，规定政体于2006年1月1日由总统—议会制向议会—总统制转变。2006年3月26日按党派原则进行全国和地方议会选举，新议会任期为5年，所有参加议会选举的候选人只能以政党的名义参加选举，以政党名义当选的议员如果脱离该政党，其议员资格将自动丧失。由议会多数派组建政府；总统向议会提出经与多数派协商的总理人选后，由议会任命政府总理；议会负责任命由总统提名的国防、外交部长人选和由总理提名的其他政府部长，政府直接向议会负责，总统仅在下列条件具备其一的情况下，才可提前解散议会：一是议会未能在宪法规定时间内（议会选举结果公布后30天内）举行首次例会，议会未能在1个月内组成议会多数派；二是议会多数派未能在规定期限内（议会例行会议召开后60天内）组建新政府。

③ 地区党：1997年11月成立。主张在合理、有效分清中央与地方权限和责任的前提下，建立以中产阶级为主的民主法治国家，主张将俄语作为官方语言，加强乌克兰与俄罗斯及其他独联体国家的广泛联系。主席为维克多·亚努科维奇。

票率为32.14%，获186席，季莫申科集团得票率22.29%，获129席，尤先科领导"我们的乌克兰"党①得票率13.95%，获81席，社会党和共产党的得票率为5.69%和3.66%，分别获33席和21席。由于地区党及乌克兰共产党获得的总席位不足半数（207席），外界普遍分析认为，"我们的乌克兰"党、季莫申科集团和社会党可能会继续联合组成议会多数派"橙色联盟"（243席），季莫申科有望二度出任总理。然而，橙色阵营各方经过多伦谈判，一直未能就议长人选、各议会委员会及未来政府各部部长人选等问题达成共识，社会党领导人莫罗兹突然倒戈，加入由地区党和乌克兰共产党组成的"反危机联盟"，并于7月6日当选乌克兰最高拉达议长。7月11日，莫罗兹宣布议会中的"橙色联盟"解体，季莫申科随即在议会发起无限期抗议活动，8月2日尤先科召集议长莫罗兹、地区党领导人亚努科维奇、"我们的乌克兰"联盟领导人别斯梅尔特内、看守内阁总理叶哈努罗夫等人进行了5个多小时的会谈并草签了一份"民族团结宣言"。随后，尤先科于3日凌晨向媒体宣布：提名亚努科维奇担任政府总理，"我们的乌克兰"党加入"反危机联盟"，季莫申科联盟变成最高拉达中唯一的反对派。8月4日，亚努科维奇的总理提名获得议会多数票通过。

2007年1月12日，乌克兰最高拉达通过《内阁法》，政府权力得到进一步扩大。根据内阁法，政府总理人选由总统根据议会多数派的建议提名，然后由议会任命。如果总统在法定期限内没有向议会提名总理候选人，议会将根据多数派的提名任命总理。内阁法扩大了总理的权限范围，规定总统签署的涉及外交以及人事任免的文件必须有总理的签名才具有法律效力，内阁成员不得同时兼任议员。

2007年4月2日，尤先科签署解散议会的总统令，决定在5月27日提前举行新一轮议会选举。以亚努科维奇为首的议会多数派拒绝承认总统令，而季莫申科阵营则对尤先科解散议会的决定表示支持，乌克兰再次陷入政治僵局。5月27日，即原定提前议会选举之日，尤先科和亚努科维奇在各方斡旋下再次达成妥协，共同宣布将提前议会选举的时间改至9月30日。

9月30日，乌克兰举行提前议会选举，共有20个党派参选，5个党派得

---

① "我们的乌克兰"党：2005年3月5日在基辅正式成立。该党是在"我们的乌克兰"政党联盟基础上组建的政党（"我们的乌克兰"政党联盟成立于2001年），主张推行市场经济，加入欧盟和北约。维克多·尤先科为该党名誉主席。

票率超过3%的门槛进入议会：地区党得票率为34.37%，季莫申科联盟得票率为30.71%，"我们的乌克兰"联盟得票率为14.15%，乌克兰共产党得票率为5.39%，以利特温领导的人民党①为主组建的利特温联盟得票率为3.96%。这次选举后具体席位分配如下：地区党175席，季莫申科联盟156席，"我们的乌克兰"联盟72席，乌克兰共产党27席，利特温联盟20席，莫罗兹领导的社会党得票率低于3%，未能进入本届议会。"我们的乌克兰"联盟和季莫申科联盟组成议会多数派（228席），12月18日议会以226票通过季莫申科的总理提名，季莫申科第二次出任乌克兰政府总理，"我们的乌克兰"联盟的亚采纽克②当选为最高拉达议长（获227票）。

2008年9月2日，在议会就削弱总统权力的相关议案进行表决时，地区党、共产党、利特温联盟和季莫申科联盟议员均投票支持，引发尤先科阵营强烈不满。9月3日，"我们的乌克兰"联盟宣布退出议会多数派，"橙色联盟"解散。9月17日，亚采纽克宣布辞去议长职务。10月8日，尤先科发表电视讲话，宣布解散议会并于12月7日提前举行新的议会选举。但议会各党派均认为尤先科解散议会的行为违宪，并表示将启动弹劾总统的相关议程。在各方争执不下的情况下，利特温开始从中斡旋，推动议会各党派就组成新的执政联盟问题展开谈判磋商。12月9日，"季莫申科联盟""我们的乌克兰"联盟与利特温联盟组成议会多数派，推选利特温出任议长，季莫申科则继续担任总理职位。

五、亚努科维奇统治时期（2010~2013年）

2010年1月17日，乌克兰举行独立以来第五次总统选举，季莫申科和亚努科维奇成为本轮总统选举的热门人选。亚努科维奇和季莫申科分别以

---

① 人民党：中派，在乌克兰农业党基础上改组而成，2005年2月11日成立，成员10万。主张在市场经济条件下恢复和促进国家经济发展，倡导实施振兴农业发展的国家经济政策。主席为弗拉基米尔·利特温。

② 阿而谢宁·亚采纽克，1974年5月出生于切尔诺夫察市，先后就读于乌克兰切尔诺夫察国立大学法律专业、切尔诺夫察经贸大学和基辅经贸大学会计和审计专业，经济学副博士。曾任克里米亚自治共和国政府经济部长和乌克兰"阿瓦利"银行董事会副主席。2003年1月任乌克兰中央银行副行长，2004年7月，任乌中央银行代理行长，2005年2月，任敖德萨州第一副州长，2005年9月~2006年8月，任乌克兰政府经济部长，2006年9月~2007年3月任乌克兰总统办公厅副主任，2007年3~12月任乌克兰外交部长，2007年12月~2008年9月任乌克兰议长，2010年参加总统选举落选，2014年2月~2016年4月任乌克兰政府总理。

35.76%和24.72%的得票率进入第二轮选举,而尤先科则仅获得5.33%的得票率。在2月7日举行的第二轮总统选举中,亚努科维奇获得48.95%的选民支持,而季莫申科的支持率为45.47%,亚努科维奇赢得总统选举的胜利。2月25日亚努科维奇宣誓就职,成为乌独立以来第五任总统。3月3日,乌克兰最高拉达以243票赞成,通过了对总理季莫申科内阁的不信任案。3月11日,乌最高拉达形成新的执政联盟,新联盟名为"稳定与改革",由地区党、乌克兰共产党、利特温联盟联合季莫申科联盟及"我们的乌克兰"联盟议员团中的一些"独立"议员组成。并批准成立以地区党领导人阿扎罗夫①为总理的新政府。2010年10月1日,乌克兰宪法法院经过审理判决乌议会2004年12月8日通过的"政治改革"宪法修正案违宪,这意味着乌克兰1996年宪法效力得以全面恢复,国家政体重归总统—议会制。

2011年4月,乌克兰总检察院以涉嫌"滥用职权"对季莫申科开展立案调查。2011年8月5日,基辅市别切尔区法院开庭审理季莫申科滥用职权案,罪名是季莫申科在2009年签署乌俄两国天然气供应协议中滥用职权,高价进口天然气,给国家造成巨大损失。法院当庭宣布对季莫申科实施监押候审。此举激起了季莫申科支持者的强烈抗议,他们组织抗议示威,指责政府干预司法,对季莫申科实施"政治迫害",要求立刻释放季莫申科。10月11日,基辅别切尔区法院对季莫申科滥用职权案作出裁决,判处季莫申科7年有期徒刑。季莫申科声称遭到"政治迫害",随后提起上诉。2012年8月29日,乌最高法院驳回季莫申科上诉,维持原判。12月30日,季莫申科从基辅卢科扬诺夫看守所转至哈尔科夫州卡恰洛夫斯基女子监狱服刑。在服刑期间,关于季莫申科健康状况恶化、在狱中遭到虐待和殴打的消息经常出现于媒体,美国和欧盟要求乌克兰政府准许季莫申科保外就医,普京也表示愿意接受季莫申科赴俄罗斯治疗。面对巨大的国际压力,乌克兰政府于2012年5月9日将季莫申科转入了哈尔科夫市医院接受治疗,但仍拒绝其出国就医的请求。在2012年7月哈尔科夫医院为季莫申科办理出院手续后,季莫申科被送回哈尔科夫州卡

---

① 尼古拉·阿扎罗夫,1947年12月17日生于俄罗斯,俄罗斯族。1971年毕业于莫斯科大学地球物理学专业。1971~1976年任图拉市第一煤炭企业总工程师。1976~1984年任莫斯科地区煤炭设计研究院实验室主任、处长。1984~1995年历任乌克兰国家地矿、地质力学和矿山测量研究设计院副院长、院长。自1996年10月1日起任国家税务总局局长。1994~1998年当选乌克兰议会议员,1995~1997年任议会预算委员会主席,后再次任国家税务总局局长。2002年11月~2005年1月政府第一副总理。2006~2010年为乌克兰议会议员,2010年3月~2014年1月任乌克兰政府政府总理。

恰诺夫斯基女子监狱继续监押。直至2014年2月22日乌克兰议会通过释放季莫申科的决议后，季莫申科才出狱重返乌克兰政治舞台。

2012年7月3日，乌克兰最高拉达以248票赞成的结果通过了由地区党主导的《国家语言政策基础法》。根据该法案，在超过10%居民以俄语为母语的地区，俄语将获得与乌克兰语同样的官方语言地位，俄语在乌克兰27个行政区划的13个行政地区成为地区官方语言。上述地区当地居民有权在法庭、医院和其他官方机构使用俄语，也有权要求用俄语接受基础教育。这一法案再次引发了乌克兰国内的激烈对峙，中西部民众表示坚决反对，东南部民众则普遍拥护。亚努科维奇总统于8月8日签署了该法案，《国家语言政策基础法》正式生效。

2012年10月28日，乌克兰如期举行了新一轮议会选举。由亚努科维奇担任名誉主席的地区党和季莫申科领导的"祖国党"名列前两位，分别赢得30%和25.54%的支持率，在议会席位中分别获得185席和101席，尤先科领导的"我们的乌克兰"联盟出局，而由克利奇科①领导的"打击党"②异军突起，获得13.96%的支持率，成为拥有40席的议会第三大党，由季亚尼博科③领导的乌克兰自由党④和西蒙年科领导乌克兰共产党分别赢得13.18%和10.44%的支持率，在议会议席中分别获得37席和32席。2012年12月13日，地区党副主席雷巴克当选为新议长，阿扎罗夫则继续担任总理。

与尤先科相比，在亚努科维奇执政前期，乌克兰政局基本上保持了稳定态

---

① 维塔利·克利奇科（1971~），1971年7月9日出生于吉尔吉斯斯坦，WBC重量级拳王，1999年吉尼斯世界纪录（使用最少回合以KO方式赢得26场拳击比赛的重量级拳王）创造者，六次跆拳道世界冠军（两次业余、四次职业），自2010年4月起任"乌克兰争取改革民主同盟"（简称"打击党"）主席，2014年6月25日出任基辅市长。

② 打击党，全称为"乌克兰争取改革民主同盟"，创立于2010年4月，前身为2005年3月成立的"新国家"党。主张建立民主国家，发展社会市场经济，保证法律至上和公民权利、自由，向欧洲标准看齐，使乌成为成功的欧洲国家。强调政治和经济变革，呼吁建立平衡的权力体系，强化公民社会作用，巩固宪政制度。主席为维塔利·克利奇科。

③ 奥列格·季亚尼博科（1968~），1968年11月7日出生于利沃夫，1991年参与乌克兰社会民族党的创立，1993年毕业于利沃夫医科大学，1994~1998年任利沃夫州议会议员，1998年3月任社会民主党基辅分部负责人，2004年2月社会民族党改名为乌克兰自由党，季亚尼博科当选为党主席，是乌克兰最高拉达第三、四、五届议会议员，2010年参加乌克兰总统选举落选。

④ 乌克兰自由党：激进民族主义政党，前身是成立于1991年9月29日的乌克兰社会民族党，2004年2月14日更名为乌克兰自由党，支持总统制和经济民族主义政策，要求通过《乌克兰语保护法》，反对参加任何以俄罗斯为核心的欧亚地区超国家组织，包括独联体。主席为季亚尼博科。

势。尽管部分政策引发反对党和中西部地区民众的抵制，但此前发生的频繁解散议会和内阁长期难产的情况均未出现。然而，表面的平静下隐藏的却是暗流涌动，在2012年议会大选前后，反对派力量进行了新的分化组合，在季莫申科入狱之后，亚采纽克逐渐成为耀眼的反对派"新星"，其领导的"改革阵线"与季莫申科领导的"祖国党"结成新的政治联盟，亚采纽克本人成为"祖国党"议员团主席。2012年议会大选后，亚采纽克和图尔奇诺夫领导"祖国党"、克利奇科领导的"打击党"和季亚尼博科领导的"自由党"逐渐成为乌克兰最主要的反对派力量，他们在2013年底组织发动了大规模的反政府抗议示威游行活动，并最终推翻了亚努科维奇的统治。

六、政权更迭与东部战争（2013~ ）

2013年11月21日，乌克兰政府决定暂停有关乌克兰—欧盟联系国协定的准备工作，同时表示将加强与俄罗斯等其他独联体国家的经贸关系，这一决定引发反对派的极大不满，成为反对派发起大规模抗议示威活动的导火索。11月24日，反对派组织约5万名乌克兰民众在首都基辅市中心举行示威，抗议亚努科维奇政府暂停与欧盟签署联系国协定。当天的抗议活动是自2004年"橙色革命"以来，乌克兰发生的最大规模抗议示威活动。11月29日，第三届欧盟与东部伙伴关系国峰会在立陶宛首都维尔纽斯举行，格鲁吉亚与摩尔多瓦同欧盟草签了联系国协定，但乌克兰没有签署联系国协定。12月1日，反对派在基辅市中心举行大规模抗议集会，集会人群冲击了乌克兰总统府、乌克兰工会大楼和基辅市政府，引发骚乱。2014年1月19日反对派抗议示威者与维持秩序的警务人员发生肢体摩擦，导致数十人受伤，持续近两个月的抗议示威活动逐步升级，并最终演变为大规模暴力流血冲突。在美国、欧盟的压力下，亚努科维奇决定向反对派让步，以谋求缓解国内紧张的政治局势。1月25日，亚努科维奇与反对派领导人亚采纽克、克利奇科及季亚尼博科举行谈判，就恢复2004年宪法修正案、成立新的中央选举委员会、通过大赦法、免除所有示威抗议者刑事责任等问题交换了意见，亚努科维奇提议由亚采纽克出任政府总理、克利奇科担任负责人文问题的副总理。1月28日，亚努科维奇接受总理阿扎罗夫的辞呈，并于当天签署了关于总理辞职和解散政府的总统令。次日，最高拉达通过大赦法案，此举被视作继提议亚采纽克出任总理、解散阿扎罗夫政府后，执政当局为缓和国内局势而向反对派及其支持者作出的又一巨大让步。然而亚努科维奇的妥协和让步并没有换来反对派的积极回应，与之相反，反对派不断发起新的示威抗议活动，2月18日反对派与执法部门发生激烈武装冲突，造成大量人员伤亡。而次日示威者与警方武力冲突愈演愈烈，当天冲突中有数十人死亡，数百人受伤。血腥冲突后，美国和欧盟纷纷向乌克兰政府施压，包括阿赫梅托夫、菲尔塔什、列瓦琴科等大佬在内的众多寡头与西方国家关系密切，为了保护海外资产安全，也不断向亚努科维奇施加压力，要求亚努科维奇向反对派妥协让步，从而大大助长了反对派的气势。与此同时，执政联盟内部也开始出现分化，大量地区党议员宣布退党，开始转身投向反对派。2月21日，亚努科维奇被迫和反对派代表在基辅签署了危机和解协议，谋求结束自独立以来最为暴力血腥的冲突。协议内容包括提前进行选举、组建联合政府，并修改宪法等。协议签署不久，乌克兰议会在反对派议员的主导下，迅速通过了恢复2004年宪法修正案的议案，乌克兰政体重新回归到议会—总统制。2月22日，执政的地区党内部再次呈现分裂态势，继21日28名地区党议员宣布退党后，22日又有多名议员宣布退出地区党议员团，议长雷巴克及第一副议长卡列特尼克被迫宣布辞职，反对派迅速全面掌控最高拉达，选举祖国党第一副主席图尔奇诺夫①为最高拉达的新议长。随后，最高拉达通过包括解除亚努科维奇总统职务、释放前总理季莫申科等在内的决议，决定由议长图尔奇诺夫代理总统职务，并宣布将于5月25日提前举行总统选举。2月23日，乌克兰最高拉达通过废除《国家语言政策基础法》议案，取消俄语在13个行政区划的地区官方语言地位。2月27日，组成了以亚采纽克为总理的联合政府。

2014年3月1日，克里米亚自治共和国议会发表声明，不承认乌克兰最高拉达决议的合法性。3月6日，克里米亚自治共和国议会投票通过克里米亚以联邦主体身份加入俄罗斯联邦，3月16日举行全民公投的决议。3月16日克里米亚自治共和国就决定自身地位举行全民公决投票，投票结果显示，超过96%的投票者赞成克里米亚加入俄罗斯联邦。克里米亚议会于3月17日通过决议，宣布克里米亚为主权国家独立，并正式提出以新的自治主体身份申请加入俄罗斯联邦。

---

① 亚历山大·图尔奇诺夫（1964~），1964年3月31日出生于苏乌克兰第聂伯罗彼得罗夫斯克市，1999年加入乌克兰祖国党，任祖国党第一副主席、乌克兰议会祖国党党团副主席，2005年2月4日~2005年9月8日担任乌克兰安全局局长，2007年12月~2010年3月担任乌克兰政府第一副总理。2014年2月22日~2014年11月27日任乌克兰最高拉达议长，期间2014年2月23日~6月7日兼任乌克兰代总统，2015年出任乌克兰国家安全与国防委员会秘书。

继克里米亚公投入俄后,包括顿涅茨克、哈尔科夫、卢甘斯克和敖德萨在内的乌克兰东南多个地区相继爆发抗议示威活动,提出在乌克兰实行联邦制的要求,并发出希望脱离乌克兰、要求独立的强烈呼声。4月6日以后,乌克兰东部地区局势开始恶化,抗议活动在许多城市发展成为武装对抗,多地发生武装冲突,许多市镇的地方政权机关办公楼被反政府民间武装人员占领。到4月中旬,民间武装人员已先后控制了东部地区10余座城镇。乌克兰当局将这些反政府民间武装人员视为"恐怖分子",于4月13日派遣军队赴东部开展"反恐行动",行动范围由最初的顿涅茨克州斯拉维扬斯克市逐渐扩大到周边一些城镇。4月14日,反政府民间武装人员在攻占顿涅茨克当地的行政大楼后,宣布成立"顿涅茨克人民共和国",4月28日,反政府民间武装人员在卢甘斯克宣布成立"卢甘斯克人民共和国"。5月11日自行宣布独立的"顿涅茨克人民共和国"和"卢甘斯克人民共和国"宣布举行全民公投,提交公投的问题只有一个:您是否支持关于顿涅茨克人民共和国和卢甘斯克人民共和国国家独立的决定。根据投票统计结果,两个地区均有90%以上选民支持独立。5月12日"顿涅茨克人民共和国"和"卢甘斯克人民共和国"发表"主权宣言"。2014年5月24日,"顿涅茨克人民共和国"和"卢甘斯克人民共和国"结成联盟,建立"新俄罗斯联邦"。

在东部地区政府军与反政府民间武装人员之间的武装冲突不断升级的背景下,5月25日在基辅举行了新一轮总统选举。包括亿万富翁波罗申科[①]、"铁娘子"季莫申科在内的21位候选人角逐总统职位,波罗申科最终以54.7%的得票率当选总统。2014年6月7日,波罗申科宣誓就职。波罗申科就任总统后,基辅当局继续增派大批军事力量对东部"顿涅茨克人民共和国""卢甘斯克人民共和国"采取强大攻势,双方冲突规模不断扩大,并逐步演变成地区

---

① 彼得·波罗申科,1965年9月26日出生于乌克兰敖德萨州别尔格莱德市。1989年毕业于基辅大学国际关系与国际法系国际经济关系专业,1989~1990年任基辅大学国际关系教研室助教。1990~1996年先后担任乌克兰工业投资康采恩总经理,文尼察糖果股份公司监事会主席。1996年,他创建了Roshen公司,并将其发展成为欧洲最大的糖果制造企业之一,被誉为"巧克力大王"。他1998年首次当选议员,2001年12月,参加尤先科领导的"我们的乌克兰"政党联盟,2002年3月再次当选议会议员,2002年3月任议会预算委员会主席。2005年2~9月,担任乌克兰国家安全与国防委员会秘书,2009年10月~2010年3月担任乌克兰政府外交部长。2012年3~10月,乌克兰政府经济发展和贸易部部长,2012年,波罗申科首度跻身全球亿万富豪榜,2013年波罗申科个人资产达到了16亿美元。2014年5月25日参加乌克兰总统大选,在第一轮选举中胜出(赢得54.7%的选票),2014年6月7日,波罗申科正式出任乌克兰总统。

局部战争。到9月初,乌克兰政府军损失惨重,多个成建制部队被重创或被打垮,与此同时,东部民间武装也伤亡巨大。2014年9月5日,乌克兰问题三方联络小组(乌克兰、欧洲安全与合作组织、俄罗斯)同乌东部民间武装代表在白俄罗斯首都明斯克达成停火协议(《明斯克协议》)。9月19日,签署明斯克备忘录,规定冲突双方从交火地区各后撤15公里,以建立30公里宽的缓冲区,从前线撤出火炮等重型武器、交换战俘等。但由于双方缺乏互信,停火协议和备忘录均未得到有效落实,双方小规模武装冲突一直没有停止。10月1日以后,双方开始在顿涅茨克机场附近展开激烈炮战,武装冲突明显升级。欧盟、俄罗斯、欧安组织纷纷展开斡旋,组织多轮打打停停的停火谈判,力争尽快达成新的停火协议,避免欧洲陷入地区战争边缘。

在东部地区武装冲突不断升级的背景下,2014年10月26日乌克兰举行了第8届最高拉达选举,按照选举法,乌克兰议会共有450个议席,其中一半席位按政党比例分配,另一半席位在225个单一选区产生。受东部局势动荡等因素影响,有27个选区未能进行选举,因此单一选区只能产生198位议员,新的议会将实有423位议员。乌克兰总理亚采纽克和议长图尔奇诺夫领导的人民阵线联盟在政党席位的争夺中以22.14%的得票率位居榜首,赢得64个议席,波罗申科联盟以得票率21.81%的微弱劣势屈居第二,赢得63个议席。但波罗申科联盟在单席位选区举荐的候选人多数获得胜利,其议会席位总计达到132个,波罗申科联盟成为议会第一大党团,人民阵线联盟党团总共夺得82个议席。得票率超过5%门槛得以进入议会的政党还有利沃夫市长萨多沃伊①领导的自助党(得票率为10.97%,获得33议席)、博伊科②领导的反对派联盟(得票率为9.43%,获得29议席)、利亚什科③领导的激进党(得票率7.44%,获得22议席)和季莫申科领导的祖国党(得票率5.68%,获得

---

① 安德烈·萨多沃伊(1968~),1968年8月19日出生于乌克兰利沃夫市,1997年毕业于利沃夫工学院金融信贷专业,2002年毕业于乌克兰国家管理学院,获管理学硕士学位,1998~2002年任利沃夫市议会议员,自2006年3月起,担任利沃夫市市长。
② 尤里·博伊科(1958~),1958年10月9日出生于乌克兰顿涅茨克州,1981~1999年在卢甘斯克州鲁别什"曙光"化学厂工作,先后担任车间主任、副厂长、厂长等职务,2002~2005年任乌克兰石油天然气公司总裁,2006~2007年任乌克兰能源部长,2010~2012年任乌克兰能源和煤炭工业部部长,2012~2014年任乌克兰政府副总理,2014年9月被选为"反对派联盟"主席。
③ 奥列格·利亚什科(1972~),1972年12月3日出生于乌克兰切尔尼戈夫市,1998年毕业于哈尔科夫师范大学法学专业,2000~2006年乌克兰《自由报》主编,2006~2007年、2007~2012年乌克兰最高拉达议员,2014年5月参加总统大选,获8.32%支持率。

19议席)。

2014年11月27日,波罗申科联盟、人民阵线联盟、祖国党、自助党以及激进党联手组成了议会执政联盟,在总共450个议席中占据302席,来自波罗申科联盟的格鲁伊斯曼①当选为议长,人民阵线联盟领导人亚采纽克继续担任政府总理。

2014年年底,在乌克兰政府军在东部地区的大规模军事行动不断受挫背景下,美国众多议员、官员和媒体纷纷呼吁奥巴马军事武装乌克兰政府,美国国会和政府开始公开讨论武装乌克兰部队,支持在欧洲腹地打一场"代理人战争"。② 2014年12月19日,奥巴马签署"支持乌克兰自由法案",计划2015年拨款3.5亿美元向乌克兰提供反坦克炮和穿甲弹等攻击性武器装备。2015年2月10日,16名美国共和党参议员联合提案,要求引入立法授权奥巴马向乌克兰提供致命性武器,呼吁对基辅提供10亿美元的致命性武器援助。③ 在美国高调支持乌克兰政府在东部地区开展军事行动的巨大压力下,整个欧洲预感到其中暗藏的全面升级地区性战争危险,德、法、俄等国决定督促乌克兰交战双方尽快达成停火协议,以免美国的进一步介入使整个欧洲地区局势变得更加复杂。2015年2月12日,被称为"诺曼底模式"的乌俄德法4国领导人在明斯克会晤,就解决乌克兰危机达成共识,并签署了《新明斯克协议》④。

《新明斯克协议》签署后乌克兰东部地区局势出现了缓和迹象,但民间武装部队与政府军之间零星冲突仍时有发生,在域外大国的干涉和介入下,冲突再度升级的可能性依然存在,乌克兰实现"真正的持久和平"依然任重而道远。

---

① 弗拉基米尔·格罗伊斯曼(1978~),1978年出生于乌克兰中西部城市文尼察,2002年当选文尼察市议会议员,2006年当选文尼察市市长。2014年2~11月,任乌克兰政府副总理,2014年12月~2016年4月,任乌克兰最高拉达议长,自2016年4月起,担任乌克兰政府总理。
② 况腊生著:《乌克兰危机警示录》,国防工业出版社2016年版,第98页。
③ 况腊生著:《乌克兰危机警示录》,国防工业出版社2016年版,第99页。
④ 《新明斯克停火协议》:2015年2月12日,经过17小时不间断的艰难谈判,各方就长期政治解决乌克兰危机的综合性措施及东部地区停火问题达成最终协议,主要内容包括全面停火、双方撤离重型武器、宪法改革、就东部地区特殊地位出台相关法律、全面恢复东部地区的社会和经济联系等。

第三节 当代政治体制

一、政治制度

1. 国家政体基本原则。乌克兰于1991年8月24日宣布独立后，逐步建立起立法机构、权力执行机构和司法机构"三权分立"的国家政体。1996年28日，乌议会通过了独立以来的第一部宪法，确定乌为主权、独立、民主的法治国家，实行共和制。总统为代表国家的最高元首；最高拉达（议会）为立法机关；内阁（政府）为行政机关，向总统负责。2004年12月8日，乌议会通过宪法修正案，规定自2006年1月1日起乌政体由总统议会制过渡为议会—总统制。根据这项宪法修正案，总统权力被削弱，议会权力得到实质性扩大。2010年10月1日，乌宪法法院裁决2004年宪法修正案违宪，国家政体重回总统—议会制。2014年2月21日，乌克兰议会投票赞成恢复2004年宪法。乌克兰政体回归议会—总统制，总统权力被削弱，议会和政府的权力得到进一步扩大。

2. 总统、议会和政府。

（1）总统。乌克兰宪法规定，总统是国家元首，负责保证国家主权、独立和领土完整，保证宪法得以履行和社会和谐。总统是乌武装力量的最高统帅，在国家受到外来侵略时，总统代表国家对外宣战，并作出使用武装力量的决定。在国家受到进攻威胁时，总统可宣布局部或全民动员，宣布全国或某一地区进入紧急状态。总统经征得议会同意任命或免除乌克兰检察长的职务，总统负责宪法法院1/3成员的任免。在对外关系方面总统代表国家，对国家的对外政策和活动实施统一领导，代表国家对外谈判，作出承认外国的决定，任命或召回（经征得议会同意）乌驻外国或国际组织的外交代表，接受外国使节的国书。总统仅在下列条件具备其一的情况下，才可提前解散议会：一是议会未能在宪法规定时间内（议会选举结果公布后30天内）举行首次例会，议会未能在1个月内组成议会多数派；二是议会多数派未能在规定期限内（议会例行会议召开后60天内）组建新政府。

如表6-1所示，1991年12月1日，经全民投票选举出了独立的乌克兰第一位总统克拉夫丘克。1994年，库奇马当选为第二任总统。1999年，库奇马当选为第三任总统，2005年尤先科当选为第四任总统，2010年亚努科维奇当选为第五任总统，2014 年波罗申科当选为第六任总统。

表 6-1　　　　　　　历任乌克兰总统一览表（1991 年至今）

任期	总统
1991 年 12 月 ~ 1994 年 7 月	列昂尼德·克拉夫丘克
1994 年 7 月 ~ 2005 年 1 月	列昂尼德·库奇马
2005 年 1 月 ~ 2010 年 2 月	维克托·尤先科
2010 年 2 月 ~ 2014 年 2 月	维克托·亚努科维奇
2014 年 2 月 ~ 2014 年 6 月	亚历山大·图尔奇诺夫
2014 年 6 月至今	彼得·波罗申科

（2）议会（乌克兰最高拉达）。乌克兰议会也称乌克兰最高拉达，是国家最高立法机关，实行一院制。议会的法定人数为 450 名议员。议员由普选产生，任期 4 年。设议长 1 人、第一副议长 1 人、副议长 1 人。2014 年 10 月乌克兰举行第八届（非例行）议会选举，总统波罗申科领导的"波罗申科联盟"、总理亚采纽克领导的"人民阵线联盟"以及"自助党""反对派联盟""激进党""祖国党"等 6 个政党进入议会，现任议长安德烈·帕鲁比。

议会负责按宪法规定的范围和程序修改宪法，制定并通过其他法律、法规。议会选举后首次例会后 30 天内应组成议会多数派，由议会多数派负责组建政府，总统向议会提出与多数派协商确定的总理人选后，由议会任命政府总理。议会还负责任命由总统提名的国防、外交部长人选和由总理提名的其他政府部长人选。根据总统的提议，议会负责任免乌克兰国家银行行长；任免乌克兰宪法法院 1/3 成员；任免乌克兰最高法院院长；任免中央选举委员会成员。负责通过国家预算、监督国家预算的执行，批准国家预算的执行报告。批准或废除同外国签订的条约；在乌受到军事侵略时，根据总统提议，决定对外宣战或缔结和平协议；批准总统关于使用武装力量及采取其他军事行动的决定；批准对其他国家进行军事援助、派遣乌军队到其他国家或允许其他国家军队在乌驻扎的决定；批准乌克兰对外提供或从国外获得贷款及经济援助的决定，并监督从国外获得的贷款及经济援助的使用。在与政府的关系方面，议会负责审议并通过政府工作纲要，按照宪法监督政府的工作；审议并批准政府制定的全国经济、科技、社会和文化发展计划和环境计划。在与总统关系方面：审议总统年度国情咨文报告，确定总统选举日期，在总统犯有背叛国家和其他严重罪行时,按宪法规定的特别程序弹劾总统。

(3)政府。乌克兰政府(内阁)是由各部组成的,是乌克兰最高权力执行机构。政府成员包括:总理、副总理、各部部长。总理由议会任免,政府直接向议会负责,如果议会通过对政府的不信任案,按宪法有关程序,内阁全体包括总理必须辞职。1991年至今历任乌克兰总理见表6-2。政府负责贯彻执行国家在金融、货币、信贷、投资、税收、劳动就业、社会保障、科技、教育、文化、环保、生态安全、自然利用方面的政策。政府负责制定并实施国家的经济、科技、社会文化发展纲要,制定并实施国家预算,组织并实施对外经济活动。在各州、区、市,由地方政府负责实施执行权力,地方政府在实施执行权力时遵循中央—地方的垂直领导原则。

表6-2　　　　　　历任乌克兰总理一览表(1991年至今)

任期	总理
1990年10月~1992年10月	维克托·福金
1992年10月~1993年9月	列昂尼德·库奇马
1993年9月~1994年6月	尤西姆·兹维亚基尔斯基
1994年6月~1995年3月	维塔利·马索尔
1995年3月~1996年5月	叶夫根尼·马尔丘克
1996年5月~1997年7月	巴维尔·拉扎连科
1997年7月~1999年11月	瓦列里·普斯托伊坚科
1999年12月~2001年5月	维克托·尤先科
2001年5月~2002年11月	阿纳托利·基纳赫
2002年11月~2005年1月	维克托·亚努科维奇
2005年1月~2005年9月	尤利娅·季莫申科
2005年9月~2006年8月	尤里·叶哈努罗夫
2006年8月~2007年12月	维克托·亚努科维奇
2007年12月~2010年3月	尤利娅·季莫申科
2010年3月~2014年1月	尼克拉·阿扎罗夫
2014年2月~2016年4月	阿尔谢宁·亚采纽克
2016年4月至今	弗拉基米尔·格罗伊斯曼

二、政党和选举制度

1. 政党。在乌克兰历史上出现的第一个政党是 1890 年在利沃夫建立的乌克兰俄国激进党。在 20 世纪 20 年代，乌克兰出现一批以民族独立和以社会主义为目标的政党。1918 年，乌克兰共产党宣告成立。苏联于 1922 年成立后，实行共产党一党制，取消了乌克兰实际存在的多党制。在苏联存在期间（1922~1991 年），乌克兰出现过主要以民族独立为目标的地下政治组织，但规模和影响极小。20 世纪 80 年代末，随着苏联民主化和多元化进程的发展，乌克兰出现了一批公开的社会政治组织和政党，如，1989 年成立了乌克兰基督教民主阵线，乌克兰民族党以及规模宏大的群众政治组织"鲁赫"等。

乌克兰于 1991 年独立后，推行多党制，目前影响较大的政党和政党联盟为：

(1) 波罗申科联盟：创立于 2014 年 8 月 27 日，由支持总统波罗申科的多个政党组成。主张政府活动公开透明，恢复议会—总统制，权力下放，重整执法系统，消除腐败，促进市场公平竞争，提高人民生活水平，推动军队现代化，实现能源独立及进口能源多元化，联盟的主要领导人为波罗申科、格鲁伊斯曼和卢岑科[①]。2015 年 8 月 28 日，乌克兰争取改革民主同盟（"打击党"）加入波罗申科联盟，基辅市长、"打击党"主席克利奇科取代卢岑科，出任"波罗申科"联盟主席。

(2) 人民阵线联盟：2014 年 3 月 31 日创立，主张加入欧盟，建立强大、独立的乌克兰，依靠自己的力量保护国家免受外敌入侵，保证国家安全，保护公民权利和自由，开展以欧洲社会为标准的全面改革。主席为亚采纽克。

(3) "自助党"：民族主义保守政党，2012 年 12 月 29 日创立，前身是 2004 年 10 月在利沃夫创立的"自助联盟"组织，主张进行经济和社会改革，开展公民互助，建立公民社会。主席为利沃夫市长萨多沃伊。

(4) 反对派联盟：2014 年 9 月 21 日创立，由 6 个政党组成（发展党、中

[①] 尤里·卢岑科（1964~ ），1964 年 12 月 12 日出生于乌克兰罗夫纳市，1989 年毕业于利沃夫工学院，1991 年加入乌克兰社会党，2002 年 5 月当选为最高拉达议员，2004 年"橙色革命"的主要参与者和组织者，2005 年 2 月~2006 年 12 月、2007 年 12 月~2010 年 1 月两次出任乌克兰政府内务部长，2010 年 12 月~2013 年 4 月以渎职罪和滥用职权等罪名被判刑入狱，2013 年 4 月获特赦出狱后逐渐成为乌克兰国内反亚努科维奇的政治力量的主要领导人，2014 年 8 月当选为波罗申科联盟主席，2016 年 5 月 12 日，被任命为乌克兰总检察长。

央党、前进党、劳动党、中立党、新执政党),主张建设繁荣昌盛的民主法治国家,通过诚实劳动建立以中产阶级为主的公平、稳定社会。保护公民利益,主席为博伊科。

(5) 利亚什科激进党,激进民族主义政党,前身是成立于2010年8月18日的乌克兰激进民主党,2011年8月8日,更名为利亚什科激进党,主张建立自由民主国家,实施民族主义经济政策,主张乌克兰参与欧洲和北大西洋一体化。主席为利亚什科。

(6) 祖国党:创立于1999年7月9日,主张建立民主国家和公民社会,推行市场经济,扩大社会福利,加速私有化进程。主席为季莫申科。

2014年10月26日乌克兰最高拉达选举主要政党得票率及所获议席如表6-3所示。

表6-3 2014年10月26日乌克兰最高拉达选举主要政党得票率及所获议席一览表

政党	领导人	政党得票率	获得席位
波罗申科联盟	波罗申科	21.81%	132席
人民阵线联盟	亚采纽克	22.14%	82席
自助党	萨多沃伊	10.97%	33席
反对派联盟	博伊科	9.43%	29席
利亚什科激进党	利亚什科	7.44%	22席
祖国党	季莫申科	5.68%	19席

2. 选举制度。

(1) 普选与全民公决。除由法院判定的没有行为能力的公民以外,凡年满18岁的乌克兰公民,在进行各种选举和全民公决中均有选举权。

国家政权机关和地方自治政权机关官员任职选举,采用自由选举方式,通过无记名投票的直接、平等的普选方式保证选民自由表达自己的意愿。选举将在严格的民主确定的监督程序下进行。

按宪法规定,对于特别重大而具有全民意义的问题,国家、总统、议会以及民众都可以提出采用全民公决(全民投票)方式解决。总统和议会可按宪法相应规定,单方面主动提出进行全民公决,并指定进行全民公决的日期。由民众提出的进行全民公决,须具备一定条件,即须有300万有选举权的人签名要求进行,而且要在2/3的州都有签名人,每州的签名要达到10万人以上。

民众提出的全民公决,由国家总统主持进行。

改变乌克兰领土问题只能以全民公决方式决定。但是有关税收、国家预算以及大赦问题,不能采用全民公决方式。

(2) 议会选举。议会选举是国家民主的重要保障。

议员要通过无记名投票全民直接普选方式产生,议员候选人需具备的条件是:具有选举权的年满21岁、在乌克兰领土上连续居住满5年以上的乌克兰公民。只有被选出的议员人数达到宪法规定的议员总数(450名)的2/3,国家议会才是"有全权的议会"。选的议员任期4年。议会例行选举日期应在上届议会任期(4年)结束之前,即第四年3月最后一个星期天进行。在出现议会被总统提前解散的情况下,对议员的选举,要在议会解散之日起60天内进行。

具体选举日期由总统具体规定,选举程序按国家宪法的规定进行。

(3) 总统选举。乌克兰宪法规定,总统选举采用无记名投票全民直接普选方式。总统候选人应具备的资格是:年龄超过35岁、具有选举权的乌克兰公民,并在选举之日前在乌克兰连续居住10年以上及掌握乌克兰语。总统任期为5年,同一人任总统职务不能超过连续两届(10年)。总统的例行选举,须在总统任期结束前进行,即在总统任职第五年的10月最后一个星期天举行。如果总统的权限因某一原因(退休、健康、死亡、受到议会弹劾)而终止时,按宪法规定,要在90天内选出新总统。

三、法律制度与司法体系

1. 法律制度。乌克兰属于大陆法法系。乌克兰立法覆盖乌克兰经济和社会生活的所有方面。但与大多数欧洲发达国家相比,鉴于目前乌克兰市场经济转型改革以及立法和经济的发展,乌克兰并未形成成熟的法律体系。虽然乌克兰在不断制定新的法律并对相应立法进行修改和调整,乌克兰法律制度仍然很不发达,存在大量空白和模糊处。

依据乌克兰法律,司法系统独立于任何政府部门。在2014年,乌克兰法院就保证法院独立性进行了司法改革且该改革仍在进行之中。

因乌克兰属于大陆法法系,司法判决不会遵循先例。即使案件事实情况相同或相似,法院一般不会受到之前裁判的影响,故可能产生不一致裁决,并可能产生向乌克兰立法机关申请解决类似争端的情况。

因乌克兰司法体系比较复杂且司法层级较多,所以普通案件的处理也可能非常缓慢。对普通案件的处理（包括上诉和再审）可能达1年以上。

乌克兰存在严重的腐败问题。为适应欧盟一体化进程，2011年议会制定通过了新的《反腐败法》，之后又对其进行了实质性修改，以制定更为有效的反腐败机制。乌克兰的反腐败改革仍在进行之中，对制定反腐败法施行细则的探讨也在进行之中。

乌克兰法保护私有财产权利。除非法律明文规定，私有财产不能被征收。在极少数情况下，私有财产可被有权政府机关征收，并可依据法院的裁决被强制征收。这些情况主要有：

① 涉及公共利益——前提是充分赔偿；

② 国家处于战争或紧急状态——需要以充分赔偿为前提；

③ 所有权人存在特定的违法行为（大多数是刑事犯罪）；

④ 所有权人不法取得该资产。

2. 公司法规。乌克兰公司法律体系由《乌克兰商事法典》《乌克兰股份有限公司法》及《乌克兰经济企业法》等组成。这些法律规定了不同的法人类型，最常见的法人类型有以下几种：

（1）有限责任公司（LLC）。有限责任公司是根据设立人决定（包括对公司章程的审批和对管理层的任命），将公司（和其章程）在国家统一登记中心进行法人登记后设立的法人。

有限责任公司的注册登记程序如下：

为登记注册有限责任公司，其设立人需要：

召开公司设立大会并通过设立公司的决定；

签署并公证公司章程（如设立人希望通过单独的文件来规定设立事项，可能还需签署设立协议）；

选择公司的办公地址（登记注册地址）。

乌克兰法对有限责任公司无最低注册资本要求。公司的设立人可自由决定公司的注册资本金额（取决于公司设立的商业需求）。公司的设立人应自公司注册登记后1年内支付各自应缴的注册资本金。公司的设立人/参加人仅在各自缴纳的注册资本金范围内对公司承担责任。有限责任公司的参加人最多不能超过100人。

一人有限公司不能投资新的一人有限公司。个人或法人均可且仅可作为一人有限公司的单独参加者。

（2）股份有限公司（JSCs）。股份有限公司是注册资本依据相同的票面价值被分成特定份数的法人,股东以其认购的股份为限对公司承担责任。国家、法人和个人都可以成为股份有限公司的设立人。股份有限公司可以由1个股东设立,如该股东认购了股份有限公司的全部股份。一人股份有限公司不能再设立一人股份有限公司。股份有限公司的最低注册资本不低于最低工资的1250倍(目前是UAH 1772500.00),最低工资由相关规定定期设立/更新。设立股份有限公司的最低注册资本,应适用注册日的最低薪金标准。

股份有限公司有两种类型,公众股份有限公司(Public Joint Stock Company,股东人数超过100,股票发行可公募,也可私募)和私人股份有限公司(Private Joint Stock Company,股东人数不超过100,且股票只能私募发行)。

(3)合伙企业。合伙企业主要有以下三种形式:

普通合伙:所有合伙人共同参与合伙企业事务的管理,且全部合伙人以自身所有财产共同承担合伙企业责任;

有限合伙:在有限合伙中,部分合伙人(普通合伙人)参与对合伙企业商业活动的管理,并对合伙企业承担全部责任;其余合伙人(有限合伙人,承担有限责任)不参与管理合伙企业,对合伙企业享有收益权,仅以其对合伙企业注册资本的出资为限承担责任;

简单合伙:该合伙企业不具有法人地位,在实践中非常少见。

乌克兰法人的合法主体资格通常设定在其章程中,该章程会明确有权批准/签署法人进行交易的管理机构。此外,根据法人的具体类型,其交易会受到相应规制。对于股份有限公司,如有任何交易涉及其总资产的10%~25%,则该笔交易应由其监事会通过;如交易涉及其总资产的25%~50%或交易标的额超过其总资产的50%,则应由公司的股东大会(最高管理机构)批准通过。如交易涉及总资产的25%~50%,应由出席股东大会股东的简单多数票通过;如超过总资产的50%,则应由全体股东过半同意。对于其他法人,如有限责任公司,如交易标的额涉及其资产的50%以上,则应由股东会会议3/4以上的股东投票通过。为查证法人是否具有签署合同的效力,通常会要求法人提供其章程性文件,如法人章程和内部管理机构规章(如有)。此外,还要求法人提供相应登记文件或证明文件,如《公司注册登记证书》《无欠税证明》和《未破产证书》,以保证法人的合法有效存续且未处于破产状态。同时,为确认签署人有权签署文件,需要签署人提供相关委任书。

3. 司法体系。乌克兰独立后,建立了宪法法院、普通管辖法院(courts of general jurisdiction)和检察院,形成了完整的司法体系。

(1) 宪法法院。乌宪法规定，宪法法院是独立于国家立法和执行之外的特殊法律部门，它可以对国家和政府首脑的决定、对法官和检察长的执法行为是否违反宪法作出裁决。宪法法院负责审理与宪法有关案件，是对任何权力机关及其领导人的施政行为是否违反宪法进行监督、审议和裁决的最高护宪机关。宪法法院由18名法官组成。乌总统、议会和乌克兰法官代表大会各任免其中6名成员。宪法法院须具备的资格是：受过法律专业高等教育、从事法律工作10年以上，在乌克兰生活20年以上。其任职期为9年，并不得连任。宪法法院的法官只服从宪法，不隶属于任何行政领导人，享有豁免权。宪法法院的这种组成方式可使其有效地按照宪法保证宪法履行的严肃性、公正性和普遍适用性。

(2) 普通管辖法院。普通管辖法院是指审理民事、刑事和行政纠纷案件的法院，乌克兰法律禁止建立审判机关外的机构从事审判活动，法院是唯一行使审判的机构。

普通管辖法院有如下类型：

① 普通法院（General courts），审理民事、刑事、与个人有关的行政违法案件；

② 行政法院（Administrative courts），审理涉及国家和/或地方行政机关的行政案件；

③ 经济法院（Economic courts），审理商事和破产案件。

上述所有普通管辖法院均有三级：地方法院（一审法院）、上诉法院（二审法院，每个地区有一个上诉法院）和高级专门法院（乌克兰高级经济法院、高级行政法院和高级民事刑事法院）。

乌克兰最高法院是上述所有普通管辖法院的最高司法机关，其法官根据总统提议由最高拉达任命，最高法院负责监督各地普通法院的审判活动，并对普通法院不能决定的重大审判案件作出最后决定。

(3) 检察院。乌克兰检察院系统由最高检察院、各州（市）检察院和区检察院组成，总检察长的职务由国家总统经征得议会同意任免，各地方检察长由乌克兰总检察长任免。

检察院对国家机构和国家公务人员的活动是否犯法实施监督职能。检察院在认为有违法情节和犯罪时，依据有关法律对犯罪嫌疑者进行侦察，在取得犯罪证据后，便依法提出公诉，将案件交法院审理。此外，检察院还负责对国家实行的紧急措施，如宣布进入紧急状态、战争状态、宵禁等措施的合法性进行监督。

第四节 地缘政治与对外关系

一、地缘政治环境

乌克兰独立以后所处的新的地缘政治空间，是在苏联解体、华约解散、东、中欧国家纷纷加入欧盟和北约的背景下形成的。乌克兰处于欧洲地缘政治中心的敏感地带，俄罗斯、美国、北约和欧盟在乌克兰都有自己的地缘政治利益，主要表现为：

1. 乌克兰由原苏联的一个加盟共和国变为一个独立的主权国家，乌克兰的领土面积在欧洲国家中居第二位，人口居第五位，属欧洲大国之列。因此，独立的乌克兰的出现是第二次世界大战以后欧亚大陆最重要的地缘政治变化之一，改变了欧亚大陆的地缘政治结构，欧洲大国必然调整原来的地缘战略或重新制定相应的战略，乌克兰作为一个独立的地缘政治实体及其所采取的地缘战略愈来愈被人们所注重。

2. 乌克兰由原苏联的西南边疆和战略前沿变为北约（西方）与俄罗斯（东方）之间的地缘缓冲国之一，乌克兰的部分领土处于东西方的战略缓冲区以内，即从巴尔干经德涅斯特和乌克兰南部（克里米亚）到外高加索，自然也就成为俄罗斯、北约和美国地缘战略中的重点国家。在北约实行的东扩计划中，乌克兰是防止与俄罗斯冲突的缓冲带和安全走廊。

3. 从地缘政治的角度看，独立后的乌克兰成为欧洲与欧亚地区地理交叉点上的大国。不仅对欧亚地区的安全、稳定和发展有重要的地缘政治意义，而且对欧洲的安全、稳定和发展举足轻重。

二、克拉夫丘克执政时期的对外关系（1990～1994年）

1990年10月19日，刚刚独立的乌克兰议会通过对1978年宪法的修改，规定奉行独立、中立、不结盟和无核化政策。实际上，除了无核化外，中立和不结盟原则并未得以恪守。从克拉夫丘克开始，乌克兰历任总统都对加入北约和欧盟表现出积极性，只是程度不同，根据形势平衡东西方的手段有所变化。

克拉夫丘克时期的乌克兰外交具有明显的亲美排俄特点，乌克兰希望积极发展与美国和欧盟等西方国家的关系，借助美国、欧盟和北约制衡俄罗斯。1991年，独立不久的乌克兰正式加入"北大西洋合作理事会"。自1992年开始，乌克兰积极参与北约的活动。1993 年 7 月 2 日，乌克兰议会通过对外政策基本方针，重点强调加强与美国、欧盟及北约的合作关系。1994 年 2 月，乌克兰率先加入北约的"和平伙伴关系计划"。

在乌美关系方面，乌克兰政府高度重视发展对美关系，谋求与美国建立密切的战略伙伴关系。1992 年 1 月 23 日，乌克兰与美国建立大使级外交关系。1992 年 5 月 5~11 日，克拉夫丘克访问美国。但是，这次访问并没有推动两国关系向前发展。由于两国在核武器和乌克兰国内的政治经济改革等问题上存在分歧，两国关系发展并不顺利。虽然乌克兰从独立之初就宣布奉行无核化政策，签署了里斯本协定。但是，乌克兰议会迟迟不批准第一阶段削减进攻性战略武器条约，以致影响到美俄执行削减战略核武器条约的日程。乌克兰的这一做法一度使乌美关系陷入僵局。直到 1994 年 11 月乌克兰议会批准了乌克兰加入不扩散核武器条约，两国关系才出现转机。

从美国对乌克兰的外交政策上看，在乌克兰独立之初，美国仍习惯于把对乌克兰的政策作为对俄罗斯政策的一部分。美国官方和舆论界仍然对乌克兰的独立持怀疑态度，对独联体地区"奉行俄罗斯优先""俄罗斯第一"的政策。① 乌美建交以后，关系到美国切身利益的问题首先是乌克兰如何处置苏联留在其境内针对西方国家的战略核武器。美国把乌克兰销毁境内全部核武器、批准第一阶段削减进攻性战略武器条约作为发展两国政治和经济关系的先决条件，将对乌克兰实行经援与消除核武器联系起来，核武器问题不解决，其他问题均提不上议事日程。1993 年美国一度对乌克兰采取孤立政策，中止了两国间的一切对话和经济合作。面对美国的压力，乌克兰被迫做出放弃战术和战略核武器的决定。1994 年 1 月 14 日，克拉夫丘克在莫斯科与美国总统克林顿、俄罗斯总统叶利钦一同签署了销毁乌克兰境内核武器的三方协定。乌克兰议会于 1994 年 2 月 4 日批准第一阶段削减进攻性战略武器条约，发展乌美关系的最大障碍得以消除。

在与欧盟关系方面，乌克兰独立以后，在很长一段时间里无法打开进入欧洲的大门。其原因，一是由于乌克兰国内的经济改革速度和政治改革力度与欧盟的要求相去甚远，二是欧洲国家仍然习惯于从俄罗斯利益的立场来对待乌克兰，把乌克兰排除于东、中欧国家之外。1993 年 9 月，欧洲委员会代表团访问乌克兰，架起了乌克兰与欧盟之间的桥梁。同年，欧盟国家在对待乌克兰的

---

① 马贵友主编：《列国志·乌克兰》，社会科学文献出版社 2003 年版，第 287 页。

政策问题上取得一致意见，同意与乌克兰发展牢固的政治关系，支持乌克兰发展民主、稳定经济和乌克兰与世界经济一体化的行动。

在与俄罗斯的关系方面，1992年2月14日，乌克兰和俄罗斯建立大使级外交关系。乌克兰与俄罗斯建立外交关系以后，克拉夫丘克采取了与俄罗斯抗衡的政策，对抗和矛盾成为乌俄关系的主旋律，历史的恩恩怨怨和现实中的利益和矛盾交织在一起，错综复杂，分割黑海舰队问题、克里米亚问题和销毁核武器问题是这段时期影响乌克兰与俄国罗斯关系发展的三个主导因素。乌俄双方抗衡的结果导致乌克兰和俄罗斯之间有关苏联境外财产分配、黑海舰队的分割和苏联遗留乌克兰境内核武器的处置问题陷入僵局，乌克兰国内经济也因与俄罗斯的传统经济联系的中断而陷入危机。1992年6月23日克拉夫丘克和俄罗斯总统叶利钦签署了《达戈梅斯协议》，在一定程度上缓解了两国对彼此产生的不信任和忧虑，表达了乌俄两国维护两国人民历经几个世纪形成的传统友谊的意愿，标志着乌俄关系从苏联解体初期的一味争吵和对抗转入通过谈判和协调来发展两国关系的新阶段。

乌克兰独立之初对外关系的重点是北约、欧洲、美国和俄罗斯。乌克兰与中国外交关系基本上是从零开始。1992年1月4日，中国政府代表王荩卿和乌克兰政府代表马卡列维奇签署建交公报，两国正式建立外交关系。建交以来，两国关系发展顺利，两国最高领导人互访频繁，签订了一系列政府间协议。这些文件为推动两国关系的顺利发展奠定了法律基础。1992年8月，时任中国人大常委会副委员长赛福鼎为首的中国人大代表团访问乌克兰，拉开中乌高层互访的序幕。同年，乌克兰总统克拉夫丘克应中国国家主席杨尚昆的邀请于10月29日~11月3日正式访华。10月31日，中国和乌克兰在北京签署联合公报。在联合公报中，乌克兰政府重申了对中国台湾地位问题的立场，明确指出不和中国台湾建立官方关系，中国表示支持乌克兰独立、主权和领土完整。此外，双方签署了10份合作文件：中乌两国领事条约；互免签证条约；外交部磋商议定书；两国政府文化合作协定；两国卫生部与医学科学合作协定；两国关于民事和刑事司法协助的条约；两国政府关于建立中乌政府间经贸合作委员会的协定；两国政府关于鼓励和互相保护投资协定；中国向乌克兰政府提供政府商品贷款（5000万元人民币）的协定，推动两国政治、经贸、文化、科学、教育、体育和旅游等领域的合作。

三、库奇马执政期初期的对外关系（1994~1998年）

1994年6月26日，库奇马当选为新一届乌克兰总统，与克拉夫丘克执政期间不同，库奇马时期的外交政策更加务实和灵活。乌克兰奉行以融入欧洲为目标、以维护本国安全为核心、以大国关系为支点的全面外交战略。采取积极、灵活和平衡的全方位外交政策，在平等互利、相互尊重和务实合作的原则基础上与世界各国发展外交关系。在库奇马执政的第一个任期内乌克兰外交表现出东西平衡的特点，既与俄罗斯修好，同时也继续与美国、欧盟和北约积极发展关系。库奇马对美国主导的北约东扩计划予以积极响应。在双方互动下，1995年9月14日，北约与乌克兰特殊伙伴关系确定。1996年7月，北约通过《1996~1998年乌克兰特殊伙伴关系纲领》，1997年5月北约在基辅大学国际关系学院设立全球第一家信息中心，1997年7月9日北约马德里峰会批准《乌克兰与北约特殊伙伴关系宪章》。

在乌美关系方面，从1994年起，美国开始将乌克兰纳入欧亚地区的重要合作伙伴范围。1994年11月19~23日库奇马访美和1995年5月11~12日克林顿访问乌克兰是乌美关系的标志性事件，表明乌克兰与美国的合作进入新的发展阶段。美国视乌克兰为欧洲安全和稳定的关键因素，并强调一个经济繁荣、民主、稳定的乌克兰在欧洲和国际社会中的重要性，表示美国将积极支持乌克兰进入国际社会，实现与欧洲的一体化。美国把支持乌克兰向市场经济过渡，与世界经济社会接轨放在优先地位。美国对乌克兰的经援政策作了相应调整，不再将乌克兰实施大规模的经济改革作为经援的前提条件，而是以经援推动乌克兰加快向市场经济转轨，美国承诺每年拨款2.25亿美元用于支持乌克兰的结构性经济改革，乌克兰成为继以色列和埃及之后美国提供经济援助的最主要国家之一。

在乌克兰与欧盟关系方面，1994年乌克兰进行的议会选举和总统选举得到了欧洲议会的确认，排除了乌克兰融入欧洲的政治障碍。与此同时，乌克兰与美国关系的改善也推动乌克兰和欧盟国家关系的进一步发展。1994年欧盟通过了"对乌克兰的行动计划"，欧盟承诺支持乌克兰的经济稳定和与世界经济一体化，拨款8500万埃居，用于维持乌克兰财政支付平衡。1994年6月14日，乌克兰和欧盟签订了《临时贸易协定》和《伙伴与合作临时协定》。1995年，欧盟向乌克兰提供3亿美元用于支持乌克兰的市场经济进程，扶助的重点是能源、私有化和中、小企业。1995年11月，乌克兰加入欧洲委员会；1996

年，欧盟承认乌克兰是市场经济过渡国家；1997年9月5日，欧盟轮值主席卢森堡首相容克与库奇马进行首次高级首脑会晤。1998年6月11日，乌克兰正式提出《乌克兰与欧盟一体化战略》，将加入欧盟确定为战略目标。

在库奇马第一任期内，乌克兰与俄罗斯之间的紧张关系开始逐渐缓解。1995年6月9日，乌俄两国最高领导人在索契会晤后签订索契协议，确定了划分黑海舰队的基本原则。索契协议打破了乌俄两国有关分割黑海舰队的谈判僵局，双方关系趋向缓和，开始认真解决两国面临的一些实质性的问题。1997年，乌俄关系取得了重大进展。5月28日，乌俄两国总理在基辅签署了解决黑海舰队问题的最后三个协定：《关于划分黑海舰队参数的协议》《关于黑海舰队在乌克兰境内驻扎的地位和条件的协议》《关于分割黑海舰队和俄罗斯黑海舰队驻乌克兰境内的相互支付协议》，为这场历时5年的艰苦谈判画上了句号，也为两国关系的顺利发展扫清了最后的障碍。1997年5月31日乌俄两国总统签署为期10年的《乌克兰与俄罗斯友好、合作、伙伴关系条约》，这一条约的签订标志乌俄关系掀开了新篇章。乌俄政治关系的改善带动了两国的经济合作，1997~1998年，两国政府先后签订了两项重要的长期经济合作协议：《俄罗斯和乌克兰1997~2000年长期经济合作和科技合作基本方针》《乌克兰和俄罗斯1998~2007年长期经济合作条约》，推动两国经贸合作迅猛发展。库奇马在自己的第一个总统任期内，在与俄罗斯的关系上执行的是东西平衡的外交政策。

在中乌关系方面，1994年9月6~8日，时任中华人民共和国主席江泽民访问乌克兰，在基辅与库奇马共同签署联合声明，强调："中乌彼此视为友好国家"，中乌政治关系具备了坚实的法律基础，全面步入正常发展的轨道。1994年12月4日，中国政府发表向乌克兰提供安全保障的声明，欢迎乌克兰销毁其境内全部核武器的决定，对乌克兰议会于11月16日批准乌克兰作为无核武器国家加入《不扩散核武器条约》表示赞赏，保证无条件不对乌克兰使用或威胁使用核武器。同时呼吁所有核国家作出同样的保证，以增进包括乌克兰在内的所有无核武器国家的安全。承认并尊重乌克兰的独立、主权和领土完整，并愿意在和平共处五项原则的基础上进一步发展中乌友好合作关系。1995年6月，时任中国国务院总理李鹏访问乌克兰。同年12月3~8日，乌克兰总统库奇马访问中国，双方签署了《中乌关于发展加深友好合作关系的声明》及一系列政府间协议。1996年3月29日，时任中国人大常委会委员长乔石访问乌克兰，双方表示将加强国际关系和双边关系领域长期合作，积极发展中乌两国最高立法机构之间的合作。

四、库奇马第二任期的乌克兰外交（1999～2004年）

在库奇马第二个总统任期内，乌克兰对外政策表现为：积极开展与欧盟各国的双边和多边外交，参与欧洲一体化进程，努力改善对俄关系，保持东西方平衡，谋求乌克兰利益最大化。1999年12月，欧盟峰会通过《欧盟对乌克兰共同政策》，确定了欧盟对乌克兰的战略。2000年库奇马将乌克兰外交的核心定位为"多元、可测、稳定和保持非集团地位"。确定乌外交三个最优先方向为：欧盟、俄罗斯和美国，对三个方向"既都给予足够重视，又相互补充"。但需要指出的是，这一时期乌克兰对外政策的优先方向仍然是融入欧洲，不断提升与美国、欧盟及北约的合作水平，将加入欧盟作为既定目标。

在与俄罗斯的关系方面，库奇马在第二任期采取了更加灵活务实的政策，推动两国经贸关系多样化，同时引进区或合作机制。两国高层互访频繁，两国关系中许多久拖不决的老大难问题以前所未有的速度得到解决。2001年2月11～12日，普京访问乌克兰，与库奇马在第聂伯罗彼得罗夫斯克签署了《乌俄两国加强航空航天领域合作联合声明》，两国政府和部门领导人还就加强双边合作问题签署了《2001～2007年两国地区间和边境地区合作计划》《两国实行统一工业政策备忘录》和《两国电力领域合作备忘录》等15项文件。在敏感的克里米亚，两国也一致商定建立一座通过刻赤海峡连接俄罗斯和克里米亚的桥梁，以促进双方各领域关系的发展。但2003年9月发生的刻赤海峡危机给两国关系发展带来了一定的负面影响，在经历了多轮的外交磋商之后，乌俄双方于12月24日签署了联合利用亚速海和刻赤海峡的协议。协议规定，乌俄双方共同组建一个联合机构来管理刻赤海峡的事务，并规定所有第三方船只只有经乌俄双方同意可进入刻赤海峡，乌俄双方共同开发和使用刻赤海峡，历时近3个月的刻赤危机得到较为圆满的解决。

在乌克兰与中国关系方面，库奇马第二任期期间中乌两国高层互访频繁。2000年6月24～26日，时任全国人大常委会委员长李鹏对乌克兰进行正式友好访问。乌克兰总统库奇马、最高拉达主席普柳希分别与李鹏委员长会谈，总理尤先科与李鹏委员长举行了会谈。双方就双边关系以及共同关心的国际问题交换了意见，表示将继续扩大双方在各个领域的交流与合作。2001年7月20～23日，时任中国国家主席江泽民对乌克兰进行了国事访问，双方就中乌关系及共同关心的国际和地区问题广泛深入地交换了意见，取得许多重要共识。签署了《中乌关于在二十一世纪加强全面友好合作关系的联合声明》《中国政府和乌克兰政府旅游合作协定》等合作文件。2002年5月22~26日，时任全国政协主席李瑞环对乌克兰进行正式友好访问。2002年11月17~20日，库奇马对中国进行国事访问，双方签署《中华人民共和国和乌克兰联合声明》《中华人民共和国政府和乌克兰政府知识产权合作协议》《中华人民共和国国防科学技术工业委员会和乌克兰工业政策部关于航空技术领域的合作议定书》和《中国政府向乌克兰政府提供援助的换文》等一系列合作协议。2003年4月1~3日，库奇马访问中国香港特别行政区并经停北京，时任国家主席胡锦涛会见库奇马总统一行。乌克兰与中国香港特区签订了《司法互助协议》《乌工业企业家联盟与香港贸易发展委员会合作协议》等文件。

五、尤先科执政时期的对外关系（2005~2010年）

尤先科就任总统后，放弃了库奇马时代的"东西平衡"外交战略，全面推行排俄亲西的外交政策，把加入欧盟和北约当作外交的首要任务。

2005年尤先科访美和克林顿访乌，开启了乌美关系的新篇章。乌美两国元首发表联合声明，在这个声明里不仅阐明了未来的发展计划，而且还就许多具体问题作出部署。美国许诺帮助乌加入世界贸易组织，美国进出口银行和乌克兰进出口银行签署信贷合作协议，搭建出口信贷担保机制，推动乌美经贸关系发展。同时双方还就取消"杰克逊—瓦尼克"修正案和向乌克兰提供市场经济国家地位问题达成一致。2006年3月双方签署"乌克兰加入世贸组织框架下双边商品和服务市场准入协议"。2006年11月18日，美国参议院通过法案，支持乌克兰加入北约并予以资金援助。2008年12月19日两国外交部长签署的"乌美战略合作伙伴宪章"更是两国关系史上的一个里程碑。

在与北约合作方面，2005年2月在维尔纽斯举行了"乌克兰—北约委员会"高级会议，会议决定实施乌与北约之间的"强化对话"机制，确定了北约和乌克兰合作的优先发展方向，这是北约向乌发出支持其入约的明显信号。强化对话机制是乌获得北约成员国资格的重要一步，它包括与乌入约有关的所有政治、军事、财政和安全方面的问题。强化对话机制规定了巩固民主、加强政治对话、积极改革安全和国防体系，提高社会的信息化水平，克服社会经济改革的消极影响。2005年4月17日，在北约—乌克兰委员会会议上，双方提出了实施乌克兰—北约行动计划的具体措施，除了加强政治对话外，北约承诺帮助乌克兰进行军事改革。双方还签署乌克兰参加北约在地中海地区反恐行动的相关文件。6月27日,北约秘书长夏侯雅伯对乌克兰进行为期一天的正式访问,就乌与北约在"强化对话"机制下进一步开展合作、改革乌军事装备、乌参与北约的安全反恐与维和等问题举行会谈。

在与欧盟合作方面,2005年2月,乌克兰与欧盟在布鲁塞尔签署《乌克兰欧盟行动计划》,该计划主要包括加快审议乌克兰与欧盟建立自由贸易区的可行性,欧盟在能源和简化双方人员往来签证程序等方面同乌克兰开展高级别对话,欧盟承诺向乌克兰提供贷款等。根据乌与欧盟达成的协议,2005年6月13日在乌克兰—欧盟委员会会议上对乌履行"乌与欧盟行动计划"情况进行了首次评价,2005年12月,欧盟承认乌克兰市场经济国家地位。2008年9月9日欧盟与乌克兰峰会在巴黎举行,欧盟宣布将与乌克兰启动联系国协定和自由贸易区谈判。2008年12月,欧盟宣布推出"东部伙伴关系"计划,支持乌克兰按欧盟标准实施政治、经济和社会改革,推动欧盟与乌克兰建立自由贸易区,提高财政援助,简化进入欧盟的签证手续,加强能源和安全等方面合作,鼓励乌克兰与欧盟发展经济一体化,并最终与欧盟形成经济共同体。2009年5月7日,首届欧盟与东部伙伴关系国峰会在捷克首都布拉格举行。欧盟27国与乌克兰签署《东部伙伴关系宣言》,"东部伙伴关系"计划正式启动。

乌俄关系在"橙色革命"后急剧恶化,两国在能源、黑海舰队驻军、边境划界等问题上针锋相对,矛盾重重。2005年12月,乌克兰牵头,联合格鲁吉亚和立陶宛等国家组建从波罗的海到黑海和里海的"民主选择共同体",引发俄罗斯的强烈不满,催生了2006年初的乌俄天然气危机。此外,2008年的格俄战争中乌克兰大力支持格鲁吉亚,在俄罗斯黑海舰队基地问题上与俄方龃龉不断,导致乌俄关系跌至历史低点。

在乌克兰与中国关系方面,尤先科执政时期,中乌关系保持平稳发展。2005年4月10～15日,乌最高拉达主席利特文访华。时任中国国家主席胡锦涛、全国人大常委会委员长吴邦国、全国政协主席贾庆林等分别会见利特文一行。2006年10月30日～11月3日,时任全国政协主席贾庆林对乌克兰进行正式友好访问,与乌克兰总统尤先科、最高苏维埃主席莫罗兹、总理亚努科维奇分别举行会见和会谈。他还访问了乌克兰克里米亚自治共和国,会见了克里米亚自治共和国最高苏维埃主席格里岑科和部长会议主席普拉基达。2007年3月28～31日,乌克兰最高拉达主席莫罗兹正式访华,时任国家主席胡锦涛、全国人大常委会委员长吴邦国、全国政协主席贾庆林分别与莫罗兹举行了会见、会谈。

六、亚努科维奇执政期间的外交（2010～2013年）

亚努科维奇2010年担任总统以后，积极改善自"橙色革命"后极度恶化的乌俄关系。对外政策表现得灵活和务实，既不倒向西方，也不倒向俄罗斯，奉行以大国关系为基轴、东西方平衡的务实外交政策。积极发展与俄罗斯和美国的战略伙伴关系。在与俄罗斯开展经贸、人文、科技等领域务实合作的同时，继续推进与欧盟的互免签证和建立自由贸易区等方面的合作，积极推动乌克兰与欧洲一体化战略。开展多元外交，全面扩大对外交往，加强与中国等亚洲国家的合作。2010年4月21日亚努科维奇和俄罗斯总统梅德韦杰夫在乌东部城市哈尔科夫举行会谈，双方在天然气价格和黑海舰队驻扎等一系列问题上达成一致，并签署相关协议，俄同意在原合同价格基础上降价约30%向乌出售天然气，而乌同意把俄黑海舰队在乌境内驻扎的期限延长25年，并且在该期限届满后双方有权选择是否再延长5年。2010年5月，俄乌签署了关于使用和发展"格洛纳斯"导航系统的政府间合作协议及两国在银行、科教和文化等领域加强合作的协议。2010年10月，俄乌签署了《2011～2016年区域间和边境地区合作纲要》。

在乌克兰加入北约问题上，乌议会于2010年7月2日通过了《乌克兰内外政策原则法》，明确规定乌克兰不加入北约或北约行动计划，但今后将继续同北约保持"积极合作"，乌同北约的关系将是"平等和对话的伙伴关系"。2011年9月29日，第二届欧盟与东部伙伴关系国峰会期间，欧盟承诺逐步推进乌克兰公民享受欧盟免签入境待遇，乌克兰承诺逐步加强与欧盟市场的一体化，实现与欧洲经济接轨。2011年10月，乌克兰同欧盟就建立自由贸易区达成初步协议。乌克兰和欧盟于2012年3月底草签了联系国协定，并计划在2013年11月底维尔纽斯欧盟峰会期间与欧盟正式签署联系国协定，建立自由贸易区。但一直试图将乌克兰拉入关税同盟的俄罗斯对此非常不满。2013年8月22日，俄罗斯总统普京表示，如果乌克兰与欧盟签署联系国协定，关税同盟国家（俄罗斯、白俄罗斯和哈萨克斯坦）将被迫采取保护性措施。面对来自俄罗斯的压力，2013年11月21日，乌克兰政府在权衡利弊后宣布暂缓与欧盟签署联系国协定，并表示将大力发展与俄罗斯的经贸合作。2013年12月17日，俄乌双方签署一揽子合作协议，乌克兰获得了较多的经济利益，包括：从俄罗斯进口天然气的价格由每1000立方米400美元降至268.5美元，俄罗斯承诺购买150亿美元乌克兰国债帮助乌克兰解决财务危机。乌克兰政府暂缓与欧盟签署联系国协定引发国内反对派的极大不满,反对派在全国范围组织发起抗议示威活动,并逐步演变成大规模暴力流血冲突,最终通过武力颠覆了亚努科维奇政权。

在中乌关系方面,2010年9月2~5日,乌克兰总统亚努科维奇对中国进行国事访问,两国签署了《中华人民共和国和乌克兰关于全面提升中乌友好合作关系水平的联合声明》。2011年6月18~20日,胡锦涛主席访问乌克兰,两国签署了《中华人民共和国和乌克兰关于建立和发展战略伙伴关系的联合声明》。除此以外,两国还签署了一系列政府、企业合作文件,包括能源领域谅解备忘录、向乌提供8000万元人民币的援助协议,及中乌在煤炭、天然气和核能领域的合作协议。2013年12月5日乌克兰总统亚努科维奇对中国进行国事访问,双方签署《中华人民共和国和乌克兰友好合作条约》,该条约具有重要意义,标志着中乌关系迈上更高发展水平。条约在总结历史经验的基础上,概括了中乌关系的主要原则和成果,将两国和两国人民世代友好的和平思想用法律形式确定下来。双方决定以条约为两国友好合作的法律基础,恪守1992年建交以来中乌签署的所有文件确立的各项原则,推动中乌战略伙伴关系不断发展,造福两国人民。

七、波罗申科执政期间的外交(2014年至今)

波罗申科出任总统后,乌克兰将发展同欧盟关系作为外交优先方向,积极推进"欧洲选择"战略,奉行欧洲大西洋一体化方针,将"融入欧洲"作为战略目标。2014年6月乌克兰与欧盟签署"联系国"协议,2016年1月双方自贸区协定正式生效。乌克兰高度重视发展对美关系,谋求与美国建立全面战略伙伴关系。2014年乌克兰政权更迭后,新政府在外交上全面倒向美国,乌美关系进入前所未有的最好时期。12月23日,乌克兰议会以绝对多数票通过放弃不结盟地位法案,决定加强与北约合作。在与俄罗斯的关系方面,乌克兰新政府采取激进的反俄政策,借助美国、欧盟和北约向俄罗斯施压,乌俄关系持续恶化。在与中国关系方面,两国关系保持平稳发展。乌克兰积极支持中国提出的"一带一路"倡议,希望扩大和加强双方经贸合作,积极推动双方在科技和人文领域的交流与合作。

第七章 当代经济

第一节 宏观经济

一、克拉夫丘克时期的经济发展（1991~1994年）

克拉夫丘克统治时期，乌克兰经济发展主要表现为经济持续恶化，工农业生产急剧下降，投资匮乏、通货膨胀、能源危机和不堪重负的财政负担构成了这一阶段乌克兰经济发展的基本特点。苏联解体前，乌克兰在全苏经济中占有举足轻重的地位。以独立前的1989年为例，乌克兰生产的钢占全苏产量的34%，铁占40%，谷物占25%。因此独立之初，很多乌克兰人认为国家的经济将会高速发展，摆脱苏联后的日子将会更好过，但是事实却与人们的期望完全相悖。自1991年8月24日乌克兰宣布独立以来，经济形势持续恶化，人民生活水平急剧下降，经济危机的深度和广度堪称独联体国家之最。1991年GDP同比下降11.6%，工农业产值的降幅分别为4.8%和13%；1992~1994年期间，乌克兰的国内生产总值均为负增长，降幅分别为13.7%和14.2%，1994年乌克兰GDP的负增长率高达22.9%，工农业产值全面下滑，工业产值同比下降27.3%，农业产值同比下降16.5%，其中种植业产值同比下滑25%，畜牧业产值同比减少7%。

二、库奇马第一任期的经济发展（1995~1999年）

1995年，国内生产总值的降幅仍高达12.2%，工农业产值分别下降12%和5.6%；1996年，乌克兰自独立5年以来首次出现所有工业部门年度生产都有所稳定的好迹象，工业总产值降幅为5.1%，但是，农业生产增长乏力，农业产值同比下降9.5%，国内生产总值降幅为10%，GDP只相当于1990年的43%。从1997年起，乌克兰经济形势恶化的势头得到初步控制，生产下降的速度开始减缓，各主要经济指标的下降趋势基本上得到抑制。1997年乌克兰经济下降幅度比1996年大为减少。GDP、工业产值和农业产值分别比1996年下降3%、1.8%和2%。1998年虽然GDP的降幅为1.1%，但工业产值和农业产值分别实现增长2.5%和0.4%，各项经济指标已出现景气复苏之征兆。自1999年起乌克兰经济开始出现增长的趋势，当年GDP的降幅为0.2%。

三、库奇马第二任期的经济发展（2000~2004年）

这一时期乌克兰经济以高速增长、低预算缺口、低通货膨胀率及收支基本保持平衡为主要特点，是独联体地区经济得到快速恢复的国家之一。经过近8年的阵痛和艰苦的经济转型，乌克兰已初步完成由计划经济向市场经济的转变，乌克兰货币格里夫那与美元的汇率保持相对稳定，居民收入不断增加，居民的福利待遇也相对得到改善，这一切均为乌克兰宏观经济的快速发展打下良好的基础。为了摆脱经济连年下滑的局面，乌政府于2000年出台包括《2000~2005年乌克兰经济发展纲要》在内的一系列经济改革措施，逐步使乌克兰经济由指令性计划为主的计划经济体制向以市场调节为主的市场经济体制转轨，经济改革在2000年初见成效，当年乌克兰GDP出现了独立以来的首次正增长，此后乌克兰经济基本上摆脱连年下滑的局面，国民经济各部门均呈现出较好的增长势态，GDP持续稳定增长，2000年GDP增长速度为5.9%，2001年GDP增速为9.2%，2002年为5.2%，2003年为9.6%，2004年为12.1%。

四、尤先科时期的经济发展（2005~2009年）

"橙色革命"之后，由于尤先科和季莫申科忙于争权夺利，2005年乌克兰国内政局持续动荡，经济大面积滑坡，全年GDP增长为2.4%，只相当于年初预计值8.2%的1/3，更是远远低于上年12.1%的增幅。而同期工业生产增长也只有3.1%，与上年相比下降9个百分点（2004年为12.5%）。2006年，亚努科维奇出任政府总理后，注重经济发展，而且乌克兰国内经济也逐步在减少政局动荡对经济的不利影响，更加市场化，当年实现GDP增长7.0%。2007年，尽管国内政局略微动荡，但国际经济形势良好，所以GDP的增长仍然保持在较高的水平，GDP增幅为7.3%。2008年，乌克兰受国际金融危机及国内政局不稳等不利因素影响，国内生产总值增速大大减缓，实际GDP增长仅为2.1%。2009年，乌克兰经济继续下滑，名义GDP为1172亿美元，实际GDP

增长率同比下降15%，化工和钢铁行业生产同比下降50%以上，失业率一度超过10%。

五、亚努科维奇时期的经济发展（2010~2013年）

2010年乌克兰政府实行紧缩财政政策，减少通货膨胀和削减财政赤字。政府主要采取以下措施：完善税收体制、调整企业和自然人所得税、增值税和消费税的可税基础、打击偷税漏税、压缩大型工程项目投资、非生产性开支和财政补贴和不合理的税收优惠，严厉打击灰色经济规模。随着乌政府各类改革措施的顺利展开，居民的收入逐年提高，购买力逐步增强，带动国内需求的快速增长，需求的强劲增长，又刺激了各领域的投资的快速增长，增加了就业岗位，提高了居民收入。2010年名义GDP为1364亿美元，实际GDP同比年增长4.2%，人均GDP为3007美元。2011年名义GDP1632亿美元，实际GDP同比增长5.5%，人均GDP为3769美元。2012年乌克兰名义GDP为1758亿美元，实际GDP同比增长0.2%，人均GDP为4041美元。2013年底的政治危机再次使乌克兰经济遭受严重打击，全年名义GDP为1813亿美元，实际GDP增长率为零，人均GDP为4200美元。

六、波罗申科时期的经济发展（2014年至今）

受国内政治动乱和东部地区战争影响，乌克兰经济从2014年起下滑，2014年乌克兰名义GDP为1318亿美元，实际GDP同比减少6.6%，人均GDP为3103美元。2015年乌克兰名义GDP为906亿美元，实际GDP同比减少9.9%，人均GDP为2115美元。虽然2016年经济发展出现恢复性增长的迹象，但还存在着许多不确定因素，诸如政局不稳定以及行政机关的腐败问题等，特别是乌克兰的政治改革步伐远远滞后于其经济改革，这一问题随着经济改革的不断深入将更加凸显，如不能及时解决将严重影响其经济改革，成为经济稳定发展的绊脚石。但2016年乌克兰与欧盟之间自由贸易区协议付诸实施，乌克兰经济与世界经济将进一步融合，这种融合也将会进一步促进乌政府完善法律体系，深化经济结构的改革，完善和健全银行体系和金融市场。这些改革的措施，将有力地促进经济的发展，国家竞争力提升，在未来的一段时间里，随着全球经济逐步好转及乌克兰经济结构改革的进行，乌克兰经济有望实现恢复性稳定增长。

表 7-1　　2011~2015 年乌克兰主要宏观经济数据一览表

主要指标	数值				
	2011 年	2012 年	2013 年	2014 年	2015 年
名义 GDP（亿美元）	1632	1758	1813	1318	906
实际 GDP 增长率（%）	5.5	0.2	0.0	-6.6	-9.9
人均名义 GDP（美元/人）	3769	4041	4200	3103	2115
通货膨胀率（%）	4.6	-0.2	0.5	24.9	43.3
汇率（美元/格里夫那）	8.0	8.1	8.2	11.7	24.0
财政收入（亿格里夫那）	3146	3460	3391	3570	5347
财政支出（亿格里夫那）	3334	3956	4034	4301	5769
财政赤字占 GDP 比重（%）	-4.3	-5.5	-6.5	-11.7	-8.0
公共债务占 GDP 比重（%）	36.4	36.6	40.4	69.4	79.4
进出口贸易总额（亿美元）	1510.2	1533.4	1402.8	1083.0	756.4
其中：出口（亿美元）	684.1	686.9	633.2	539.2	381.4
进口（亿美元）	826.1	846.6	769.6	543.8	375.0
顺差/逆差（亿美元）	-141	-159.7	-136.4	-4.6	6.4
外国直接投资 FDI 存量（亿美元）	503.3	553	570.6	457.5	433.7
国际储备（亿美元）	318	245	204	75	133
外债余额（亿美元）	1353	1350	1425	1468	1430
其中：政府外债（亿美元）	333	321	317	349	470

资料来源：乌克兰国家统计委员会、乌克兰国民银行、世界银行。

国际信用评级机构惠誉公司 2016 年 3 月 14 日预测 2016 年乌克兰 GDP 将增长 1%，通货膨胀率下降至 17%，格里夫那兑美元汇率维持在 1∶25 的水平。2016 年 6 月 10 日，国际信用评级机构标准普尔公司把乌克兰长期和短期本外币主权信用评级定为"B-/B"，长期主权信用评级展望为"稳定"（见表 7-2）。该评级反映了乌克兰 2016 年宏观经济形势的稳定，乌克兰经济的回升及通货膨胀的放缓。不过，标准普尔公司指出乌克兰仍面临经济和政治挑战，包括普遍的腐败现象、东部的不明朗局势以及金融领域的不稳定性。

表7-2

评级机构	长期主权评级（长期外债评级）	短期外债评级	评级展望	调整时间
标普	B+/BB-（本币）	B+	稳定	2011年6月
	B+/B+	B	稳定	2012年12月
	cc	Cc+	负面	2015年4月
	B-	B	稳定	2016年6月
穆迪	Ca	Ca+	负面	2015年3月
	Ca	Ca	负面	2015年10月
惠誉	B	B+	稳定	2010年7月
	B	B-	稳定	2011年10月
	cc	cc	负面	2015年10月

第二节 财政金融

一、财政状况

1. 财政收支情况。乌克兰的财政收入主要来自企业利润税、个人所得税、增值税和消费税，这四种税收占财政总收入3/4左右。财政支出大部分用于企业生产和居民生活补贴，此外还有相当大的支出用于国家行政管理、国防和文教卫生领域。2014年以来，由于东部战争原因，国防和安全费用支出大幅增加，占GDP比重超过3%，中央财政最大的一项支出是偿还债务，2014年乌克兰债务同比增加25%，财政赤字从2013年占GDP6.5%增加至2014年的11.7%，公共债务占GDP的比重从2013年的40.4%攀升至2014年的69.4%。2015年国防和安全支出仍然在高位运行，偿还债务支出同比增加近1倍，公共债务占GDP的比重攀升至79.4%。

2. 财政政策。2015年以来乌克兰政府实行紧缩型的财政政策，以求减少通货膨胀和削减财政赤字。开源节流，提高税率，扩大税基，增加税收收入，严控国防开支增长规模，减少亏损企业补贴；限制商品和服务价格补贴，逐步取消居民收入补贴，仅对最低收入阶层居民提供价格补贴，削减行政费用开支，等等。目前看来，乌克兰的紧缩型财政政策在削减财政赤字方面确实起了一定的作用，但是乌克兰的通货膨胀率一直居高不下，2015年的通货膨胀率仍高达43%以上。

3. 税收政策。2015年12月24日，乌议会通过的税法修正案（909-Ⅷ号），规定将企业所得税维持在18%的水平，取消每月预缴制度，改为每年第四季度一次性、以前三个季度应纳所得税的2/9预缴全年所得税，每季度合算所得税；个人所得税税率改为18%，取消以前的15%和20%差别税率；增值税维持在20%的水平，简化增值税退税流程，实行两次申报退税；统一社会费改为由雇主统一缴纳（22%），取消员工个人缴纳部分（原为3.6%），提高缴费基数为25倍最低工资标准；消费税提高1.4倍，燃料交易监管流程参照增值税监管；交通税征税对象为出厂不超过5年、平均市场价格不低于最低工资标准750倍的车辆，每辆车定额缴纳2.5万格里夫那；土地税和不动产税：提高不动产税，住宅和非住宅超过优惠标准（公寓60平方米、独栋120平方米）的每平方米缴税标准为不超过最低工资标准3%，对超标住宅（公寓超过300平方米、独栋超过500平方米）定额加征不动产税2.5万格里夫那，公共用地地税税率由3%降为1%；简化统一税缴纳体系，纳税人年度收入门槛由2000万格里夫那降到500万格里夫那，纳税人缴纳增值税的税率由2%提高到3%，纳税人不缴纳增值税的税率由4%提高到5%；取消农业生产者特殊增值税缴纳体系，2016年1月1日~12月31日为过渡期，2017年起完全取消。在过渡期内，畜牧业生产者所纳增值税，20%上缴国家预算，80%仍留专门账户。谷物和经济作物生产者所纳增值税，85%上缴国家预算，15%仍留专门账户。其他农业种类生产者，50%上缴国家预算，50%仍留专门账户；红利税率5%；按揭贷款免征个人所得税。

4. 国际收支。

（1）经常项目。2014年以来，因自俄罗斯、白俄罗斯等独联体国家的进口额出现大幅下滑，乌克兰对外贸易逆差呈现逐年减少的趋势。2014年乌克兰外贸出口539.13亿美元，同比下降13.5%；进口543.81亿美元，下降28.3%；逆差4.683亿美元，同比下降97%。2015年乌克兰外贸出口381.348亿美元，同比下降29.3%。进口375.023亿美元，同比下降31.1%。顺差6.325亿美元。经常项目赤字占GDP比重由2013年的9.0%下降至2014年的4.1%，而2015年乌克兰进出口贸易基本实现平衡，经常项目赤字为零。乌克兰与世界上216个国家和地区有商品贸易往来，乌克兰主要对外出口国家为欧盟、俄罗斯、土耳其等，进口产品主要来自欧盟、俄罗斯、中国等国。乌克兰主要出口黑色冶金制品、机器设备、电机、化肥、铁矿石、农产品等，进口天然气、石油、成套设备、化学纤维、聚乙烯、木材、药等。

（2）资本和金融账户。2014年以后乌克兰的外来投资主要来自欧盟国家（德国、塞浦路斯、英国、法国等），俄罗斯的投资大幅减少，亚洲国家在乌克兰的投资较少，只有日本有少量的优惠贷款。近年来受国内政治经济危机影响，乌克兰外汇储备大幅下降，2012年外汇储备为245亿美元，2015年降到133亿美元。但幸运的是，由于乌克兰得到来自欧盟和美国等国及IMF的巨额资金援助，资本和金融账户使得美国和欧盟不仅向乌克兰提供大量援助，而且推动世界银行和IMF在内的国际金融组织给乌克兰提供大量经济援助和巨额贷款，这对于稳定乌克兰经济形势、平衡国际收支起到了关键作用。2015年3月11日，国际货币基金组织（IMF）批准了乌克兰175亿美元4年期贷款计划。乌于2015年3月13日收到第一笔贷款50亿美元，8月4日收到第二笔贷款17亿美元，2016年9月收到第三笔贷款10亿美元。

（3）外债及外汇储备情况。2014年以来乌克兰外债不断增加，由2013年的1425亿美元迅速攀升至1468亿美元，1年内增长40亿美元。2015年乌克兰外债总额1430.14亿美元，同比下降2.5%。受乌经济回升、通货膨胀放缓影响，2016年乌克兰外债总体呈下降趋势。

二、货币金融

1. 货币及货币政策。独立前，乌克兰使用的货币是卢布。苏联解体后，乌克兰于1992年1月10日开始发行临时货币——库邦，成为独联体诸国中第一个正式退出卢布区的国家。1996年9月2日乌克兰发行新货币——格里夫那，自1996年9月17日零时起，临时货币"库邦"退出流通领域，格里夫那成为乌克兰唯一的法定货币。

乌克兰的货币政策由乌克兰国民银行（央行）负责制定并监督执行。目前，乌克兰实行紧缩型货币政策，严格控制货币发行量（见表7-3）。2014年国家银行曾一度实施国债货币化政策，对本币供应造成巨大压力，导致2014年格里夫那贬值50%，刷新历史纪录。2015年国家银行实施更为审慎的紧缩型货币政策，降低货币供应量、减少财政赤字、抑制通货膨胀和稳定格里夫那汇率。从效果上看，紧缩型货币政策在削减财政赤字和稳定汇率方面发挥了一定作用，但是在抑制通货膨胀方面却收效甚微。

表7-3 乌克兰货币供应情况表（2011~2015年）

货币供应量	2011年	2012年	2013年	2014年	2015年
M1（亿格里夫那）	3110.47	3232.25	3838.21	4354.75	4722.17
M2（亿格里夫那）	6818.02	7711.26	9062.36	9553.49	9938.12
M3（亿格里夫那）	6855.15	7731.99	9089.94	9567.28	9940.62

资料来源：乌克兰国民银行。

2. 汇率政策。汇率政策的首要目标是要保持乌克兰格里夫那汇率稳定，防止本币大幅度贬值，提升外国投资者信心。2005年4月~2008年10月汇率维持在5∶1左右，但是2008年的金融危机导致格里夫那贬值至8∶1的水平。2009~2013年，汇率基本维持在8∶1左右，2013年底发生政治动荡后，格里夫那不断贬值。为了提振本币汇率，央行被迫动用外汇储备，大量抛售美元对外汇市场进行干预。2014年格里夫那兑美元平均汇率与2013年相比下跌大约37%，汇率水平基本维持在12∶1左右，但国家外汇储备由2014年初的178亿美元锐减至年底的70亿美元。2015年2月5日，乌克兰央行宣布放弃外汇管制政策，允许汇率自由波动，格里夫那汇率暴跌48%，格里夫那兑美元汇率跌至24.5∶1。2016年乌克兰国家汇率政策的主要任务是防止本国货币的过度贬值、通过调控货币投放量，保持格里夫那兑美元汇率在25~26∶1区间小幅浮动，避免本国经济过度衰退。

3. 金融市场。乌克兰实行中央银行—商业银行两级银行体制，乌克兰中央银行又称乌克兰国家银行，是1991年6月在原苏联国家银行乌克兰分行基础上改组产生的。目前，乌克兰国家银行行使中央银行和银行业监督管理委员会的双重职能，其主要任务是"保证物价稳定，稳固财政和支付系统，为经济持续发展创造条件"，主要职能是负责发行货币，制定货币政策，审批发放银行营业许可，对银行业进行监管。商业银行由本土银行和外资银行组成。乌克兰最大的两家银行——乌克兰国家储蓄银行（Oschadbank）和乌克兰国家进出口银行（Ukreximbank）均为国有银行。此外，乌克兰还有工业投资银行、私有化银行、Aval银行等大型商业银行。目前，在乌克兰注册的117家银行中有41家为外资银行（全部或部分控股），虽然银行数量较多，但资金相对集中，全国十大银行的市场占有率近六成，其他银行及银行类金融机构普遍规模较小。2014年以来乌克兰政局变化直接影响了金融市场秩序，银行破产和倒闭数量不断增加，信用风险和货币风险增加。乌克兰国民银行目前正在重建银行系统，提高银行资本金比例，大量缩减商业银行数量，维持国内主要银行运营，引导中小型银行和金融财务公司（主要服务于大型企业集团）退出银行市场，经过一年多的时间，已有 55 家银行清算破产。随着新政府大力推进金融领域改革，完善金融监管法律和措施，提高银行的运行效率，乌克兰金融市场环境将逐步改善。

第三节 地区和产业经济

一、经济区划

乌克兰独立至今，仍基本保留原苏联时期的地区和产业经济结构。各地区经济结构长期固化，以基辅和利沃夫为中心的中西部地区（包括基辅市、文尼察州、沃伦州、日托米尔州、外喀尔巴阡州、伊万诺·弗兰科夫斯克、基辅州、利沃夫州、里夫宁州、捷尔诺波尔州、赫梅利尼茨基州、切尔卡瑟州、切尔尼戈夫州、切尔诺夫策州）是乌克兰主要的农产品生产基地，农业在全国占有主要地位，工业发展水平较低。粮食作物以冬小麦为主，此外有黑麦、大麦、荞麦、豆类作物、玉米。经济作物主要有甜菜、亚麻、烟草等。本区是乌主要的马铃薯产地。外喀尔巴阡有许多葡萄园，畜牧业发达。工业以食品工业、机械工业和化学工业为主。制糖、罐头、乳品和肉类加工、酿酒等食品工业部门较发达。以哈尔科夫和第聂伯罗彼得罗夫斯克为中心的东部地区（包括哈尔科夫州、第聂伯罗彼得罗夫斯克州、扎波罗热州、基洛夫格勒州、波尔塔瓦州、苏麦州、顿涅茨克州和卢甘斯克州）是乌克兰最大的重工业区，是乌煤炭、钢铁、机械和化学工业的主要基地。以敖德萨为中心的南部黑海沿岸地区（包括尼古拉耶夫州、敖德萨州、赫尔松州）是乌克兰工农业相对发达地区，主要工业为机械工业和食品工业。农业以种植业为主，主要种植冬小麦、大麦、玉米。经济作物以向日葵、香精油料作物、烟草和甜菜为主。水果蔬菜种植业较发达。此外，乌克兰南部地区海运和公路、铁路运输发达，敖德萨、赫尔松、伊里乔夫斯克是黑海沿岸重要远洋运输港口。

二、产业结构

乌克兰的产业经济转型面临着两大任务：一是构建市场经济体制；二是调整经济体系和产业结构。独立后乌克兰虽然按西方模式建立了市场经济的基本框架，但缺乏有效机制和市场活力，没有健全的市场规则和公平竞争的市场秩序，寡头垄断、官僚主义和贪腐现象严重。乌克兰的经济体系和产业布局是按原苏联的国内分工来安排和设计的，原苏联解体后，这种经济体系和产业结构就很难适应现代市场经济发展的需要。所以，乌克兰产业结构转型过程中需要重建国民经济体系和大幅度调整产业结构。乌克兰在原苏联时期一直以雄厚的工业基础而自豪，但独立以来，因缺少技术更新和资本投入，大部分工业部门都成了制约经济发展的落后产业。为此，乌克兰政府正在加大主要经济产业部门的投资，并积极吸引外资进入这一领域。目前，乌克兰工业的最大问题就是重工业比例太大、轻工业比较偏小，在这种情况下，一方面，应补充和完善优势产业的链条和进行现代化改造，充分发挥原有工业基础和生产能力优势；另一方面，应大力发展轻工产业、高新技术产业和现代服务业，尤其是应加快军转民的步伐。然而，由于缺乏强有力的政策支持，缺乏资金和缺乏资源有效配置的市场机制等多方面原因，乌克兰的经济结构调整至今仍没有得到根本性改善。

三、主要工业部门

乌克兰的许多工业部门在原苏联时期占有重要地位，多种工业产品名列前茅，为原苏联经济及其乌克兰自身的经济发展起过重要作用。目前，乌克兰主要工业部门包括：机械制造业（矿山和冶金工业机械和设备制造，能源机械和电子设备、农业机械制造、机床和仪表制造，无线通信业和交通机械制造等）、黑色和有色冶金业（包括铝、钛、镁、汞等）、化工业和焦炭化工业、石油化工业（包括化肥、硫酸、碱、塑料、化学纤维等）。乌克兰的采矿业也相当发达，主要开采煤、石油、天然气、铁矿和锰矿、有色金属和稀有金属、天然硫、钾盐和岩盐等。另外，能源电力工业是乌克兰国民经济关键产业部门，是乌燃料能源综合体的重要组成部分。

军工生产在乌克兰机械制造业中占据重要地位。该领域集中了乌克兰最先进的科技力量，拥有制造 SS-19 和 SS-24 洲际导弹的第聂伯罗彼得罗夫斯克南方机械制造厂，能建造航空母舰的尼古拉耶夫黑海造船厂，生产"安"系列的安东诺夫飞机设计局等举世闻名的设计和生产单位。乌克兰的船舶、飞机和坦克制造等国防军事工业发达，第聂伯罗彼得罗夫斯克南方设计局、扎波罗马达西奇飞机发动机厂、尼古拉耶夫"黑海造船厂"和"61个公社社员"造船厂、基辅安东诺夫飞机设计局、哈尔科夫坦克制造厂、基辅阿尔乔木国防工业集团等都是享誉国际的知名军工企业。

冶金工业是乌克兰国民经济的主要部门，是乌燃料能源综合体的重要组成部分。独立以来，乌克兰凭借炼焦煤、铁矿、锰矿以及其他辅助原料丰富的优势，大力发展冶金工业，使自己成为世界上第七大钢铁生产基地。乌克兰冶金业具有很大的出口潜力，铁矿石产量居世界第5位（位居中国、巴西、俄罗斯、澳大利亚之后），锰矿石开采量占世界31.9%，钢管生产也居世界重要地位。但与发达国家冶金业相比，乌克兰冶金产品的原材料、燃料动力等能源资源消耗较高。

能源领域是乌克兰经济发展的瓶颈，是乌克兰经济能否稳定发展的前提。在2015年年初，乌克兰探明的石油储量为5410万吨，天然气探明储量达到11037亿立方米，2015年，原油开采量180万吨，同比下降10.9%，天然气开采量达到198亿立方米。尽管有大量矿产储藏，乌克兰自身缺乏条件去开发和生产。同时，高度集中的能源密集型产业，工业生产的不完善和设备老旧，使得乌克兰能源效率低下。目前乌克兰石油和天然气的自给率分别为15%和40%，其余部分均须从国外进口；对俄罗斯能源依赖很大，经济发展受到了严重影响。乌克兰政府为了摆脱这一制约，保证经济发展的可持续性和实现能源独立，决定大力发展能源产业。政府采取了一系列措施，例如调整能源产业结构、减少能耗、提高能源使用效率以及开发新能源等，同时积极拓展能源进口多元化战略，努力保障能源的稳定供给。根据乌政府的能源发展战略，大力发展水电、风电和太阳能等可再生能源、扩大油气领域国际合作，吸引外国投资者和利用国际金融组织资金开发乌克兰油气资源；积极推进石油天然气运输系统升级改造，推动实施中亚—乌克兰—欧盟的欧亚石油和天然气运输走廊等项目。目前，乌克兰在能源产业上的投资正在逐年增大，能源产业在GDP中所占的比重也逐年上升。乌克兰一方面大力增加本国油气开采量，吸引国内外资金，与国外石油天然气巨头建立合资企业，共同开发国内能源；另一方面采取节能减排技术，降低能耗，同时实施能源进口多元化战略，增加从欧盟和中亚北非国家进口石油和天然气。2015年乌克兰天然气消费量由2013年的503亿立方米减少到338亿立方米，进口天然气数量大幅减少，2015年从欧盟和俄罗斯进口天然气分别为103亿立方米和61亿立方米。

乌克兰电力工业比较发达，热力发电在电力工业中占重要地位，现有格列戈尔斯克热电站、扎波罗热热电站、克里沃依罗格二号热电站等40座大型热电站。水力发电在乌克兰电力工业中也占据比较重要的位置，乌克兰水电资源主要集中在第聂伯河和德涅斯特河流域，乌境内大型水电站主要有：第聂伯（切尔卡瑟）水电站、基辅水电站等。此外，乌克兰还拥有切尔诺贝利、扎波罗热等 5 座核电站。近年来，包括核电在内的清洁能源发电在乌克兰电力工业中所占的比重不断增加，对于贫油少气的乌克兰来说，可再生能源是未来能源领域的重要发展方向之一。

煤炭工业是乌克兰重要的工业部门，在原苏联的煤炭工业布局中曾占据主导地位。但近年来，受东部战乱影响，乌克兰煤炭工业已处于严重危机之中，产量大幅下降，无法满足国内经济建设需要，个别年份甚至不得不从南非和俄罗斯等国进口煤炭来弥补国内需求。经历了石油危机和天然气风波后，乌克兰政府对本国的能源战略进行了深刻的反思，对国内缺乏的石油及天然气等能源的进口进行了多元化战略调整的同时，改善国内能源消费结构，增加煤炭在能源消费比重，促进能源资源较为丰富的煤炭业的发展，提高煤炭业在乌能源战略中的地位，重振煤炭业已经提升至政府的议事日程。政府制定了至 2030 年煤炭行业发展规划，在大力提高煤炭产量的同时逐步启动煤矿企业的私有化股份制改造。

在矿产资源开采方面，尽管拥有较多的资源储备，每年开采的矿物产品超过 10 亿吨以上，但是储藏于有利的矿山地质条件下的高质量煤、含量高的铁矿、锰矿和其他很多矿产的开采量正在减少。铁矿石产地的最好开采储备已近于开采完毕，将来铁矿开采将主要转向开采需要加以富集的石英岩矿石。锰矿近年来储备的增加主要靠难于富集的含磷酸盐的锰矿。高质量氧化矿石的大量开采已使其储备绝对和相对地减少了。有利于露天开采的硫矿储备有限，由于大量开采，硫矿产地近年将濒于枯竭。但总体看来，乌克兰的矿产资源开采仍有很大潜力可挖。目前，乌克兰矿业投资主要来自国家财政，由本国企业进行开采和经营，外国企业在乌矿业方面投资较少，随着乌克兰资源开采领域投资环境的逐步改善，外资进入乌矿产资源开发的领域和范围将进一步拓宽。

乌克兰石化工业主要包括化学工业、化学制药工业和石油化工工业三个部门。矿物化学企业的主要职能是开采矿物原料。这类企业主要分布在喀尔巴阡山脉、顿巴斯、第聂伯流域。基础化学部门产值约占石化部门的 40%，其主要产品是酸、纯碱、苛性碱、矿肥等。制碱和制酸工业都是乌克兰化学工业的传统部门。矿肥生产是乌克兰石化部门的拳头产品之一。乌克兰化学制药工业的生产潜力极其有限，不能满足本国居民对药品的需求。石化工业是一个比较年轻的部门。其在化学综合体中的比重不大。近年来其产品经常在市场上脱销，目前乌克兰化学和石化工业企业面临技术更新的新阶段。

轻工业是乌克兰的传统经济部门，包括纺织业、缝纫业、制鞋业、服饰业等。独立以来，轻工业发展相对薄弱，资金投入不足，产品缺乏竞争力。乌克兰新政府将轻工业视为优先发展的经济部门之一，逐步加大资金投入，并积极吸引外资。

经过多年的发展，乌克兰食品加工业已初具规模。现共有加工企业2.2万余家，占乌克兰企业总数的24.4%，具备1.86亿吨甜菜、300万吨葵花子、1400万吨牛奶的年加工能力，每年可生产1万余种的各类食品。食品加工已形成一定的产业规模，加工生产能力逐年扩大，产品质量不断提高，不论是食品的外形还是包装都得到了较好的改善，提高了乌克兰食品企业在国内和国外市场的竞争力。

四、农业发展情况

乌克兰是东欧地区农业生产条件最好的国家，地处东欧大平原，地势平坦，农业用地约4210万公顷，占国土面积的70%左右，是世界各国农业用地比重很高的国家，并且分布在平均海拔为175米的平原上。从农业土壤学的角度来看，乌克兰境内可划分为以下几个地带：波多利耶灰土带：总面积1130万公顷，占国土总面积19%，土壤类别庞杂，其中50%土壤为草土和灰化土；森林草原地带：总面积2020万公顷，占国土总面积34%，占全国已耕地面积37%以上，其中黑灰色森林土壤占该地带的21%，典型的黑土占51%；草原地带：总面积近2300万公顷，占国土总面积38%，这一地带基本为黑土，其中处于北方气候条件下的一般黑土占该地带耕地面积的64%，处于南方气候条件下的黑土占23%；干旱草原地带：其面积约占国土总面积3%，主要土壤为栗色土，其中深栗色盐碱土占该地带耕地面积的78%；喀尔巴阡山山地和克里米亚南部山区：土壤类别依地形垂直高度明显不同，山地低部一般为黑色腐殖土，在高原地区一般为草地土和棕壤，在山地林区为酸性棕壤或草土棕壤，在山区顶部一般为潜有土壤，全世界30%的黑土地分布在乌克兰境内，土壤肥沃，生产条件极其优越。乌克兰的耕地为3420万公顷，达国土面积的57%和农业用地面积的81%，利用率占99.5%；草场面积为216万公顷，利用率占93.7%；牧场为476.2万公顷，利用率占93.2%。在苏联时期，乌克兰曾号称是"欧洲的粮仓""苏联的面包篮子"，但独立后伴随经济转型和政策的调整，农业经济曾一度陷入危机之中并出现严重"倒退"，许多农产品产量至今还未恢复到乌克兰独立之前的水平。但乌克兰的农业基础好，并且农业产品是乌克兰的重要出口商品之一。乌克兰政府一直试图加大在农业方面的投资，但限于财政收入等各种因素，一直未能如愿。政府正在积极吸引外资进入该领域，同时随着乌克兰财政状况的转好，在该领域的投资也会逐渐增大。

种植业。乌克兰种植业的品种主要有小麦、大麦、大豆、高粱、燕麦和荞麦，其中小麦是主要农作物。马铃薯产量位居欧洲第一，谷物和甜菜产量位居欧洲第三。种植业的产值占农业总产值的70%左右。

畜牧业。乌克兰畜牧业历来是具有优势的传统产业。在苏联时期，乌克兰的畜牧业相当发达，养猪业、养牛业历史悠久，经验丰富，闻名世界。其肉类产量不仅遥遥领先于独联体各国，也比邻国匈牙利、罗马尼亚的产量高出1倍以上，牛奶产量位居欧洲第四。独立以来，畜牧业继续保持发展，畜牧业产值占农业产值的30%左右。

渔业。乌克兰用于养鱼的面积达到150万公顷，其中近18万公顷为池塘。用于养鱼的湖面近5万公顷。海水养殖不发达。1990年产量达到高峰，为13.65万吨。此后，产量显著下降。

乌克兰各州的农业情况分布不均匀，具体情况详见表7-4和表7-5。

表7-4　　　　　　乌克兰农作物主要分布区域一览表

名称	分布地区（州名）
谷物	敖德萨州，顿涅茨克州，文尼察州，第聂伯彼得罗夫斯克州，切尔卡瑟州
甜菜	赫梅利尼茨基州，文尼察州，捷尔诺波尔州，波尔塔瓦州，基辅州
葵花籽	第聂伯彼得罗夫斯克州，基洛夫格勒州
土豆	日托米尔州，基辅州，文尼察州，切尔尼科夫州，利沃夫州，赫梅利尼茨基州
蔬菜	赫尔松州，第聂伯彼得罗夫斯克州，哈尔科夫州，基辅州，波尔塔瓦州，顿涅茨克州

表7-5　　　　　　畜牧及水产主要分布区域一览表

名称	分布地区（州名）
猪、牛、羊等	日托米尔州，基辅市，文尼察州，沃伦州，外喀尔巴阡州，伊万诺—弗兰科夫斯克州，利沃夫州，基辅州，捷尔诺波尔州，罗夫纳州，赫梅利尼茨基州，切尔卡瑟州，切尔诺夫茨州，切尔尼科夫州
草食鱼类	乌克兰南部西部、养殖
鲤鱼	北部、中部和西部
鳟鱼	乌克兰西部

目前，乌克兰农业发展存在的主要问题是：产品的国际竞争力低且不符合国际质量和安全标准；投资不足制约生产发展，国家财政拨款成为农业发展的唯一资金来源；与世界其他农业发达国家比较，农业技术落后且劳动生产率低，与其他国家相比农业生产效率比较低；出口以原料性商品为主，产品的附加值比较低；国家扶持农业生产的机制效率低下，包括限制低质量产品进口以保护国内市场、标准化体系，以及检验和检疫措施，补贴制度和其他金融扶持工具等；缺少农业用土地市场和大型粮食交易所。

为了保证国家粮食安全和发挥农产品口潜力，乌克兰对农业结构进行了重新调整，包括种植业（粮食生产、种子生产、经济作物或饲料生产）、养猪业、奶牛业、农业科学和农业教育、国际农业管理等，将调整土地关系并加强农业市场的基础设施建设。逐渐进行技术更新，使农业发展不再依赖于国家的补贴，而是根据世界贸易组织的绿箱规则对农业给予政府补贴，逐步采用欧盟的农产品标准，充分利用世界贸易组织的技术标准保护乌克兰农业生产者的利益，将农业基金改组为以所生产农产品为抵押的农业短期信贷基金，实行政府贴息，对农业企业进口农业技术设备给予增值税优惠。乌克兰农业政策部表示，未来几年，乌克兰农业生产效率将逐年提高，粮食产量和出口都将实现快速增长。乌克兰将尽快融入全球经济一体化进程，大力吸引投资，不断扩大粮食生产和出口潜力，提高农业生产效率。同时改革农业管理体制，国家不再对农副产品价格实行行政干预，不再限制农产品出口。建立透明度较高的土地市场，同时建立农用地周转的有效机制。简化农用设施用地的审核机制，严格区分中央政府和地方政府在发展农业方面的职责。

2017~2018年乌克兰农业收成面积预计将达到2670万亩，占播种面积的58%，其中越冬作物收获面积将达到800万亩，油料作物的播种面积为760万亩，预计玉米的播种面积将达到320万亩，荞麦播种面积将达到31.35万亩，黍类播种面积将达到13.1万亩。2017~2018年，乌克兰农业政策和粮食部计划通过提高农业生产效率，扩大农产品贸易顺差，增加高附加值农产品出口等措施推动农业产出率达到欧盟内部中东欧国家水平，届时乌克兰的粮食产量有望达到6400万吨，小麦产量2700万吨，饲料类粮食产量3700万吨，其中玉米为2600万吨，大麦为970万吨；出口粮食约为3850万吨，出口小麦1550万吨，饲料类粮食出口2300万吨，其中玉米为1800万吨，大麦出口500万吨。

五、第三产业发展情况

电信业在第三产业中占据重要地位，乌克兰政府允许私营和外资企业从事电信运营，鼓励外国企业投资电信市场。目前电信市场上的主要运营商大多是私营和外资参股的企业，市场处于高速增长期，主流通信业务正由2G-3G向3G-4G过渡，预计2~3年内，4G将成为市场主流。随着市场容量的持续扩大，各大电信公司在网络建设和终端设备的投入也将保持在较高的水平，电信业的迅猛发展将成为乌克兰经济增长的一个重要拉动力。

交通运输对第三产业的发展至关重要。乌克兰已基本形成铁路、公路、内河、海运、空运及管道运输齐全的交通系统，公路网、铁路网与欧洲和欧亚地区连成一体，首都基辅是全国最大的航空、公路和铁路运输枢纽。目前，公路在乌克兰交通运输中占主导地位，乌克兰境内公路纵横交错，四通八达，总长27.37万公里，其中硬面公路23.64万公里，非硬面道路3.73万公里。乌克兰第一条铁路始建于1861年，19世纪末铁路网基本形成。目前铁路总长度为2.33万公里，实际运营长度为2.16万公里；其中电气化铁路9732.7公里。乌克兰管道运输总里程为4.02万公里，其中天然气管道3.48万公里，石油管道2500公里，石油制品管道2900公里。乌克兰境内100公里以上的河流有116条，河运航道总长2150公里，主要河港12个，主要通航河流包括第聂伯河、德涅斯特河、多瑙河、杰斯纳河，内河运输的主要货物是建筑材料（占86%）、矿石（4%）、煤（2%）。乌克兰远洋海运发达，主要港口集中在黑海和亚速海沿岸：敖德萨、伊利乔夫斯克、赫尔松、尼古拉耶夫等。航空是乌克兰发展较为迅速的运输部门，国内各主要城市之间均有航线相连，还与世界主要国家和地区间开通100余条国际航线，主要国际机场为：基辅鲍里斯波利机场、利沃夫机场、敖德萨机场。总体上看，乌克兰目前交通运输压力较大，已经成为制约乌克兰经济发展的瓶颈领域之一。乌克兰政府计划改善交通运输条件，在该领域的投资也在逐年加大。但目前来看，政府缺少合理有效的规划和组织机制，在法律支持方面也有欠缺。

商业基础设施建设是近年来乌克兰第三产业的发展重点。乌克兰一直以雄厚的历史底蕴而自豪，但落后的商业基础设施条件，包括金融和保险及商务服务网络的建设滞后，已经严重制约了乌克兰的经济发展，给乌克兰的投资环境带来不利的影响。乌克兰政府正在加大在商业基础设施建设方面的投资，并积极吸引外资进入这一领域。

旅游业是乌克兰重要的第三产业部门。独立以来，得益于丰富的旅游资源，乌克兰旅游业得到长足的发展，丰富多彩的旅游线路和历史与现代相结合的旅游景点层出不穷。近年来，乌克兰政府积极推动旅游业投资，把发展现代化旅游度假设施作为旅游业优先发展的重点，旅游业对GDP的拉动效应明显。

第四节　对外经济关系

一、对外贸易

1. 对外贸易政策。独立前，在苏联时期的中央计划经济体制下，由莫斯科统一负责各个加盟共和国的对外贸易，对一些原材料和商品实行进出口许可证制度。许可证清单由部长会议批准，按照统一的规定进行分配。一般情况下，只有在乌克兰进行正式登记注册的进出口单位才能获得许可证。独立后，在改革外贸制度的过程中，政府减少了许可证的发放范围，放松了对外贸易企业的管制。1992年，乌克兰制定了独立后的第一部《对外经济活动法》，确立了外贸管理体制的改革和发展方向：实施对外贸易自由化，对外经贸活动主要通过关税和非关税措施加以调控。简化对外贸易管理程序，对外贸经营权实行自动登记制度，即乌克兰境内的所有合法注册企业，在向经济部申请办理有关登记手续后，即可自动获得外贸经营权。这些改革措施有效地增加了外贸部门的活力，乌克兰的对外贸易获得飞跃式的发展。

（1）海关关税政策。自1996年起乌逐渐采取国际上通行的做法确定进口关税额度，实行从价税和从量税，并规定了缴税的最低限额。根据乌克兰新颁布的《乌克兰海关法》相关规定，乌克兰海关对来源于已与乌克兰签订相关海关协定和国际协议的国家和地区的商品，根据协议的具体条款实行特别优惠关税甚至免征进口关税。而对来源于尚未与乌克兰签署自由贸易协定、特惠经济贸易协议的国家和地区的商品、抑或不能确定具体来源国的商品，征收全额进口关税。在出口方面，除牲畜及毛皮制品、有色金属、废金属和特种装备外，其他出口商品免征出口关税，包括配额许可证出口管理商品。作为关税调节手段，乌克兰法律规定可采取以下种类的特殊关税：季节性进出口关税；反倾销关税；补偿关税（反补贴关税和补偿补贴关税）；特别关税（为保护本国生产者，惩罚违法行为和报复国外歧视性行为而采用的关税）。

（2）配额和许可证制度。为保证国家支付平衡和维护国内商品市场秩序，在下列情况下乌克兰政府对进出口商品实行许可证配额管理：国内市场商品，特别是农产品、海产品、食品工业产品和日常生活必需品供求严重失衡；稳定进口与国产生产原料供应比例平衡；面对来自国外的贸易歧视性措施；根据乌克兰签署的相关国际商品协议规定。乌克兰政府每年公布一次进出口主动配额许可证管理商品名单，乌克兰经济部及其下属授权部门会同政府有关部门负责发证并监督使用，海关凭有关文件对商品数量进行登记后予以放行。实行配额许可证管理的商品名单及期限由乌克兰议会批准。

（3）商品检验政策。乌克兰主管商品检验的机构是乌克兰国家标准计量认证委员会。对进口实行认证制度，即进口商品必须获得乌认证机构的认证才能在乌市场上进行销售。乌国家标准计量认证委员会和分设在各州的标准认证中心负责产品的检验和认证工作。乌把所有的商品分为三大类：①强制认证商品，根据乌认证标准条例规定，必须获得乌认证后才能进口和在乌国内市场销售；②非强制认证商品，只要有商品生产国的商检合格证书，并对商品进行了抽样检查，即可在乌进行销售和使用；③互免认证商品，根据乌与不同国家签订的双边合作协议，对某些产品的认证可以相互认可，只要对方国家对其所产商品进行了认证，则可自由进入乌市场。我国与乌克兰于1997年4月签署了《中华人民共和国政府与乌克兰政府进出口商品合格评定合作协定》。凡列入清单的商品，一方认证后，另一方则必须予以承认。此外，乌克兰还加入了国际质量认证体系，包括国际标准化组织（ISO）质量认证体系和欧盟（EU）质量标准体系。

（4）原产地证标准政策。乌克兰原产地证书遵循的标准有两个：商品在乌生产的附加值达到50%以上；产品在乌克兰生产后，其在国际商品海关税则中的编号发生了变化。凡符合以上条件的商品均可获得乌原产地证书。乌原产地证书的发证机构是乌克兰工商会及各地区的工商分会。乌克兰企业及外国在乌注册的企业均可获得乌克兰原产地证书。

（5）对外贸易仲裁。在对外贸易中产生的争议可以通过乌克兰工商总会的国际商业仲裁庭（ICAC）解决。ICAC的法律地位由乌克兰《国际商事仲裁法》确定。争议双方如已签署仲裁协议（不论是通过在合同中约定仲裁条款还是单独签署仲裁合同），均可向ICAC申请仲裁。

此外，乌克兰在1960年10月10日批准加入了《承认及执行外国仲裁裁决公约》（纽约公约），公约自1961年1月8日对乌克兰生效。乌克兰对于互惠条款进行了保留，即对于非公约国作出的仲裁裁决，乌克兰仅在非公约国给予的互惠待遇范围内适用公约。

2. 对外贸易状况。独立初期，乌克兰政府将俄罗斯和其他独联体国家作为对外贸易的首选，在维系传统经济联系的基础上，不断扩大双边贸易规模和水平，解决国内能源及原材料短缺问题。与此同时，为了开拓和扩大本国商品的出口市场，进口本国严重缺乏的生产原料和日用消费品，乌克兰积极寻找新的贸易伙伴。欧洲是乌克兰拓展经贸关系的重点对象。这不仅与乌克兰所处的地理位置相关，而且也与乌克兰和前经互会国家的传统经济联系有关。在与波兰、捷克、匈牙利等前东欧社会主义国家开展贸易往来的同时，乌克兰开始与德国、意大利、英国和法国等欧洲国家发展经贸合作关系。并将贸易关系逐步向欧洲之外的亚非拉国家拓展，推动进出口贸易地区和国家来源多元化。目前，欧盟、俄罗斯是乌克兰最主要的进出口贸易伙伴。2011年，俄罗斯占乌克兰出口总额的29%和进口总额的35.3%；欧盟占26.3%和31.2%；俄罗斯是乌克兰第一大贸易伙伴，俄乌双边贸易占乌克兰贸易总额的32.4%，欧盟与乌克兰的贸易占29%，成为第二大贸易伙伴，中国在乌克兰对外贸易中占比5.6%。2012年俄罗斯占乌克兰出口总额的25.7%和进口总额的32.4%；欧盟占25%和31%；俄罗斯仍然是乌克兰第一大贸易伙伴，俄乌双边贸易占乌克兰贸易总额的29.4%，中国在乌克兰对外贸易中占比6.3%。2013年俄罗斯、欧盟在乌克兰对外贸易中的占比分别为27.3%和31%，欧盟成为乌克兰最大贸易伙伴，2013年中国在乌克兰对外贸易中占比为7.6%，按乌方统计，中乌双边贸易额106.3亿美元，同比增长9.8%，中国成为乌克兰第三大出口市场和第二大进口来源地。2014年受乌克兰国内局势及乌俄关系恶化的不利影响，俄乌双边贸易额大幅下滑，俄罗斯在乌克兰对外贸易中的占比下降至20.7%。其中乌克兰对俄罗斯出口下降35.0%，自俄罗斯进口额下降45.4%；2014年欧盟与乌克兰双边贸易额下降幅度仅为11.6%，由2013年的434.8亿美元降至2014年的384.5亿美元，欧盟在乌克兰对外贸易的占比却迅速攀升至35.5%，欧盟继续保持乌克兰第一大贸易伙伴地位，乌克兰对欧盟出口占32%，自欧盟进口占39%，尽管2014年乌克兰出口总额同比下降14%，但对欧盟出口仍增长2%。据乌方统计，2014年中乌双边贸易额为80.8亿美元，同比减少23.9%，中国成为为乌第四大出口市场和第二大进口来源地，中国在乌克兰对外贸易中占比为7.5%，与2013年基本持平。2015年欧盟继续保持乌克兰第一大贸易伙伴地位，与此同时俄乌贸易额持续下降，乌克兰对俄罗斯出口48.3亿美元，减少50.7%，自俄罗斯进口74.9亿美元，减少41.0%，俄罗斯在乌克兰对外贸易中的占比降至16.3%；2015年中乌双边贸易额为61.7亿美元，虽然同比下降23.7%，但中国在乌克兰对外贸易中占比上升至8.2%，中国成为乌克兰第三大贸易伙伴。上述数据说明，尽管2013年以来发生的一系列事件对乌俄贸易关系产生了极大的负面影响，但俄罗斯目前仍然是乌克兰最重要的贸易伙伴之一。虽然从乌克兰自身的愿望看，它一直希望能够尽快实现与欧盟的政治经济一体化，摆脱对俄罗斯的能源经济依赖。2016年1月1日乌克兰—欧盟自由贸易区的启动可能会促进乌克兰与欧盟贸易水平的进一步提升，但彻底摆脱来自俄罗的斯能源供应还是一个长期的过程，短期内俄罗斯仍将是乌克兰重要贸易伙伴，特别是在能源供给方面乌克兰暂时还很难离开俄罗斯。

3. 对外贸易国别和商品结构。2014年以来乌克兰经济大幅滑坡，2014年GDP下降6.6%，2015年GDP下降9.9%，作为拉动GDP增长的最主要因素之一的对外贸易也呈现出下滑的趋势。

据乌克兰海关统计，2014年，乌克兰进出口贸易总额为1083.0亿美元，比上年同期（下同）下降22.8%。其中，出口539.1亿美元，下降14.8%；进口543.8亿美元，下降29.3%；贸易逆差4.7亿美元，下降96.6%。

从对外贸易国别（地区）结构看，2014年乌克兰对俄罗斯出口额为98.0亿美元，下降35.0%；对土耳其出口额为35.6亿美元，下降6.4%；对埃及出口额为28.6亿美元，增长5.2%；对中国出口额为26.7亿美元，下降1.9%，对上述四国出口占乌克兰出口总额的35.1%。自俄罗斯进口额为126.8亿美元，下降45.4%；自中国进口54.1亿美元，下降31.5%；自德国进口53.6亿美元，下降20.8%，自白俄罗斯进口39.7亿美元，增长10.2%；自上述四国进口额合计占乌克兰进口总额的50.5%。

2014年，乌克兰前五大逆差来源地依次是德国、俄罗斯、中国、白俄罗斯和美国，逆差额分别为37.7亿美元、28.8亿美元、27.4亿美元、23.5亿美元和12.6亿美元，增幅分别为－27.1%、－64.8%、－47.1%、－45.2%、－32.7%；顺差主要来自埃及、土耳其、印度、意大利和沙特阿拉伯，分别为27.7亿美元、22.6亿美元、11.6亿美元、9.6亿美元和8.3亿美元，分别增长7.2%、15.9%、2.2%、254.2%和38.1%。

从对外贸易商品结构看，贱金属及制品、植物产品和矿产品是乌克兰的主要出口产品，2014年出口额分别占乌克兰出口总额的28.3%、16.2%和11.3%，为152.4亿美元、87.4亿美元和61.0亿美元，分别减少13.3%、

1.6%、18.6%。但家具、玩具、杂项制品和木及制品的出口增幅较大,分别为 11.4% 和 10.3%。此外,运输设备和化工产品的出口降幅明显,分别为 -56.0% 和 -29.4%。矿产品、机电产品和化工产品是乌克兰进口的前三大类产品,2014 年合计进口 315.7 亿美元,占乌克兰进口总额的 58.0%。其他类产品中,家具、玩具、杂项制品进口增长较快,为 1.1%。运输设备和鞋靴、伞等轻工产品进口额下降明显,分别为 -55.1% 和 -45.8%。

据乌克兰海关统计,2015 年乌克兰进出口贸易额为 756.4 亿美元,比上年同期(下同)下降 30.2%。其中,出口 381.3 亿美元,下降 29.3%;进口 375.0 亿美元,下降 31.0%。对外贸易实现顺差 6.3 亿美元,这是乌克兰对外贸易自 2004 年以来的首次顺差,结束了对外贸易连续 10 年逆差的局面。

从对外贸易进出口国别(地区)结构看,2015 年乌克兰对俄罗斯出口 48.3 亿美元,减少 50.7%;对土耳其出口 27.7 亿美元,减少 22.2%;对中国出口 24.0 亿美元,减少 10.3%;对埃及出口 20.8 亿美元,减少 27.3%,对上述四国出口占乌克兰出口总额的 31.8%;自俄罗斯进口 74.9 亿美元,减少 41.0%;自德国进口 39.0 亿美元,减少 27.2%;自中国进口 37.7 亿美元,减少 30.3%,自白俄罗斯进口 24.5 亿美元,减少 38.3%。自上述四国进口额合计占乌克兰进口总额的 47.0%。

2015 年,乌克兰前五大逆差来源地依次是俄罗斯、德国、白俄罗斯、中国和美国,逆差额分别为 26.6 亿美元、25.7 亿美元、15.8 亿美元、13.7 亿美元和 10.0 亿美元,分别下降 7.8%、31.8%、33.0%、49.9% 和 20.7%。顺差主要来自埃及、土耳其、意大利、印度和沙特阿拉伯,分别为 20.3 亿美元、19.2 亿美元、10.0 亿美元、10.0 亿美元和 6.2 亿美元,分别为减少 26.9%、减少 15.2%、增长 4.6%、减少 13.8% 和减少 25.4%。

从对外贸易进出口商品结构看,贱金属及制品、植物产品和机电产品是乌克兰的主要出口产品,2015 年出口额分别占乌克兰出口总额的 24.8%、20.9% 和 10.3%,为 94.7 亿美元、79.7 亿美元和 39.4 亿美元,分别减少 37.8%、8.8%、30.3%。其中,运输设备的出口降幅明显,下降 53.8%。矿产品、机电产品和化工产品是乌克兰进口的前三大类产品,2015 年合计进口 229.6 亿美元,占乌克兰进口总额的 61.3%。此外,活动物、动物产品进口额降幅明显,下降 51.3%。

乌克兰 2002~2015 年对外贸易情况如表 7-6 所示。

表 7-6　　　　　　　　2002~2015 年乌克兰对外贸易额

年份	总额（百万美元）	同比（%）	出口（百万美元）	同比（%）	进口（百万美元）	同比（%）	差额（百万美元）	同比（%）
2002	34934	-21.3	17957	57.3	16977	-48.5	980	-104.5
2003	46101	32.0	23080	28.5	23021	35.6	59	-93.9
2004	61668	33.8	32672	41.6	28996	26.0	3676	6087.3
2005	70428	14.2	34287	4.9	36141	24.6	-1854	-150.4
2006	83402	18.4	38368	11.9	45035	24.6	-6667	259.5
2007	109918	31.8	49248	28.4	60670	34.7	-11422	71.3
2008	152537	38.8	67003	36.1	85535	41.0	-18532	62.2
2009	85138	-44.2	39703	-40.7	45436	-46.9	-5733	-69.1
2010	112170	31.8	51431	29.5	60740	33.7	-9309	62.4
2011	151017	34.6	68410	33.0	82607	36.0	-14197	52.5
2012	153343	1.5	68685	0.4	84658	2.5	-15973	12.5
2013	140276	-8.5	63312	-7.8	76964	-9.1	-13652	-14.5
2014	108295	-22.8	53914	-14.8	54382	-29.3	-468	-96.6
2015	75637	-30.2	38135	-29.3	37502	-31.0	633	-235.1

资料来源：乌克兰国家统计委员会、乌克兰央行。

二、外国投资

对于乌克兰而言，利用外资，尤其是利用外国的直接投资，是实现经济结构调整、加快工业企业改造、实施基础设施建设和促进经济与贸易发展的一个非常重要的因素。乌克兰拥有一系列吸引外资的有利要素，这主要表现为：

有利的地理位置。乌克兰位于欧洲的东部，是欧洲地缘政治经济中心，在国际政治经济格局中，特别是在欧亚经贸合作中占据重要地位，是连接欧盟和独联体的重要交通枢纽。

拥有丰富的自然资源。乌克兰的铁、锰等矿产和煤、陶土、石墨、地蜡等资源储量均居世界前列，乌克兰60%的农业用地为高产的黑土地，乌克兰拥有的黑土地占世界黑土地总量的30%；乌克兰还拥有丰富的旅游资源，可以吸引外资开发旅游、疗养、度假区。

潜在的巨大商品市场。乌克兰的人口约4200万，独立以来因国内商品长期匮乏导致居民消费需求存在巨大缺口，这种局面短期内很难根本改变，为外国投资者拓展乌克兰市场提供了广阔商机。

市场经济法规日趋完善。独立以来，乌克兰制定了一系列市场经济法规：《所有制法》《企业法》《银行和银行行为法》《土地法典》，加速私有化和市场经济转轨；在对外经贸领域全面实行自由化，按 WTO 和欧盟的标准来调整本国的立法，制定了《对外经济活动法》和《海关法典》等协调对外贸易的法律法规，深化对外经贸体制改革。

1. 外国直接投资现状及发展趋势。独立以来，乌克兰利用外国直接投资的步伐相当缓慢，每年利用外国直接投资的规模都很小，1994 年利用外国直接投资为 1.6 亿美元，2001 年为 8 亿美元，2014 年为 3 亿美元，2015 年形势有所好转，当年利用外国直接投资 23 亿美元。2014 年以来乌克兰 GDP 大幅下滑，财政入不敷出，赤字占 GDP 比重高达 11%，对外贸易规模 1000 亿美元左右（2015 年降至 756 亿美元），外汇储备不足 100 亿美元（2014 年为 70 亿美元，2015 年为 133 亿美元），国家资金捉襟见肘，急需引进大量外资，尤其是利用外国直接投资来提振和发展本国经济。

截至 2016 年 1 月 1 日，乌克兰吸引国外直接投资总金额为 433.7 亿美元，外资主要来自世界 117 个国家。塞浦路斯（117.4 亿美元）、德国（54.1 亿美元）、荷兰（56.1 亿美元）、俄罗斯（33.9 亿美元）、奥地利（24 亿美元）、英国（18.5 亿美元）、英属维京群岛（18 亿美元）、法国（15.3 亿美元）、瑞士（13.6 亿美元）、意大利（9.72 亿美元）。上述国家占乌克兰吸引外资总额的 80%。

目前，外国直接投资主要集中在乌克兰经济发达地区（基辅市、基辅州、哈尔克夫州、第聂伯罗彼得罗夫斯克州、敖德萨州、尼古拉耶夫州、扎波罗热州、波尔达瓦州、利沃夫州、外喀尔巴阡州、赫尔松州），而在经济发展水平一般或者比较落后的地区投资较少（文尼察州、伊万—弗兰克州、切尔卡瑟州、基洛夫格勒州、切尔尼克夫州、切尔诺夫策州、赫梅利尼斯基州、沃伦州、捷尔诺波尔州、罗夫纳州、苏梅州、日托米尔州）。

在利用外国直接投资的效果上也不尽如人意，很多外国直接投资不是投在对经济发展具有战略意义的领域，如建立现代化工业企业、基础设施建设、能源及资源领域。目前外资对乌克兰的主要投资领域仍集中在批发贸易和中间贸易、食品工业和农产品加工业、金融业、通信、不动产等资本盈利率较高、资金回收较快的领域。欧盟对乌克兰最主要的投资国荷兰对乌克兰的直接投资主要集中在食品加工业,而英国和德国对乌克兰的直接投资也主要集中在加工工业。这一方面表明乌克兰的投资环境还很不完善,投资风险比较高;另一方面,也表明外国投资者在乌克兰追求短期利益最大化的投资动机。尽管我们也看到,外国投资者也对乌克兰的一些大型私有化工业项目进行了投资,如近年来欧盟对乌克兰的石化和冶金、机械制造业的投资也不断增加,但外国投资者对乌克兰上述工业领域投资的目的主要还是为其跨国资本的全球化经营目标服务,在很大程度上是为了减少其跨国经营活动潜在的竞争,将乌克兰的投资项目纳入其全球战略之下,而并不是真正致力于乌克兰民族工业的发展。

相信随着乌克兰投资环境的改善,乌克兰在吸引和利用外国直接投资方面将发生新的变化:第一,外资的产业分布将发生较大变化,由于新一轮世界性产业结构调整和与之相关联的国际产业转移的新趋势,以及乌克兰产业优化升级的需要,乌克兰吸引外资的重点将向能源动力综合体、深加工部门和高新技术产业部门倾斜,此外目前外资较少进入的农业,随着农业产业化的发展,也有望较大规模吸引外国直接投资。服务业引进外资的增长速度将有所加快,银行、保险、电信、旅游、运输将成为外国投资的新热点,房地产开发和城市基础设施利用发展也将有新的发展。第二,乌克兰外国直接投资的规模结构将呈现大型项目增多、投资规模扩大和大中小项目并举的发展趋势,外资来源更加多元化,欧美大型跨国公司将加快进入乌克兰投资市场,他们将着眼于全球战略,主要向乌克兰的大型基础设施、能源和冶金部门、高新技术产业和金融服务业投资。第三,乌克兰外国直接投资的地区结构也将发生变化,首都基辅将凭借其特有的科技、教育和产业优势,加上市场秩序、工作效率和商业信用等投资软环境优势,吸引和利用更多外国投资,但同时扎波罗热州、哈尔克夫州的大型工业企业私有化将成为新一轮的外国直接投资热点,而乌克兰西部与欧盟交界,欧盟对其投资也有增加的趋势,因此该地区在乌克兰全国吸引和利用外资总量中的比重将有所提高。

2. 外国直接投资政策。乌克兰独立以来,国内资本市场形成的能力和规模极其有限,用于经济发展的资金严重不足,资本短缺已成为制约国民经济发展的"瓶颈",因此扩大吸引外资以弥补内资的不足,成为乌克兰发展对外经济关系的首选目标。一方面,通过吸引和利用外资,乌克兰可以获得国外的资金、设备、原材料,有效地缓解经济建设资金不足的矛盾,提高国内的投资水平,加速资金积累,特别是在一些技术设备老化、落后的大型军工企业"军转民"过程中,只有广泛吸引外资才可能实现企业结构的转变;其次,通过吸引和利用外资，乌克兰可以获得国外的先进技术、生产工艺和管理经验，推动本国的技术进步，加快企业技术改造，促进产品升级换代，填补乌克兰国内的一些技术空白，缩小与发达国家之间的技术差距；另外，引进国外先进的管理方式和经验，对于提高乌克兰国内企业经营管理水平和深化大中型企业改造，也具有重要借鉴意义。另一方面，吸引和利用外资可以帮助乌克兰缓解就业压力，创造更多的就业机会，通过参与外资企业的生产经营活动，可以在一定程度上提高乌克兰的劳动力素质、技术开发、创新能力，有助于人力资源的开发；此外，通过吸引和利用外资，实现进口替代和扩大出口创汇，增加税收，从而增加财政收入，进而改善国家宏观经济状况和实现国际收支经常项目和资本项目的收支平衡。

独立以来，乌克兰制定了一系列吸引外资的法律：《保护外国投资法》《外国投资法》《外国投资管理办法》《鼓励外商在乌克兰投资的国家纲要法》和《外国投资制度法》。尽管最新修订的《外国投资制度法》还存在许多不完善的地方，但它明确规定了对外国投资的保护，特别是制定了对外国投资者利润汇出和知识产权的保障体系及投资者利益损失的有效赔偿机制，这为外国投资者在乌克兰市场投资提供了坚实的法律保障。

乌克兰的外资政策可以概括为：投资领域广泛，投资方式灵活，凡未被乌克兰立法直接禁止限制的领域，外资均可以进行投资。但规定在通信领域，外国投资者只能以与乌克兰当地企业或个人成立合资公司的方式进行投资，且外国投资者不能作为该合资公司的大股东或取得该合资公司的控制权。在铁路建设领域，乌克兰境内所有的铁路都由国家所有，外国企业可以承建铁路，但不能控制乌克兰境内任何铁路的所有权。乌克兰同样对核电领域进行严格管控，任何核电站都必须由国有企业控制、运营。任何承建核电站的企业都必须取得国家核能部门的行政审批。在投资方式上，乌克兰法律规定外国投资者可采用外汇投资、各种动产、不动产及其相关的产权进行投资；可以以股票、债券和其他有价证券进行投资，以著作权、发明权、商标权、科技产品等具有一定价值的知识产权进行投资等；外国投资者可以与乌克兰法人共同组建合资企业或建立外资独资企业，外国投资者可以购买乌克兰法律不禁止的动产或不动产（包括土地、住宅、设备、运输工具和其他财产），可以购买土地使用权及资源开采的特许权。《外资法》还允许外商参加乌国有企业私有化进程，取得股份、股票及有价证券，并可购买动产和不动产，可享有购买土地使用权及允许在乌领土上利用其自然资源的权力；投资程序便捷，外国投资的注册登记由乌克兰财政部统一管理，办理登记手续的时间一般不超过3天；对外资提供国家保障，包括：对外资不实行国有化、明确规定外国投资者损失赔偿办法，承诺因乌克兰国家机关或其工作人员的失职而造成外国投资者蒙受损失由国家负责赔偿，外国投资者在终止投资活动时有权要求在6个月内归还投资、外国投资者在照章缴纳税款和其他必要的费用后，可以自由地向国外汇出其利润所得等；给外资企业以国民待遇，但对向投资于乌国民经济优先发展领域（机械制造、医药、冶金、燃料动力综合体、运输业、通信、石化、农产品加工、轻纺工业等）的外国投资者在进出口关税和国内税收征收方面可以考虑提供一定的优惠待遇，但须根据具体投资项目的投资计划进行单独审批，只有审批通过的项目才能享受相应的优惠。

《外资法》鼓励外资参加乌国有企业私有化，购买企业股份、股票及其他有价证券，并可购买动产和不动产，可享有购买土地使用权及允许在乌领土上利用其自然资源的权力；外国投资者完税后可将合法利润、收入和其他资金汇到国外；外资企业的产品出口，可不受配额许可证的限制。根据目前经济政策，乌克兰对外资实行国民待遇，但对设立在工业园区内的外资企业会考虑给予一定的优惠政策。乌克兰政府十分重视"园区"的建设和发展，希望通过"园区"来提升国家整体投资环境，更多地吸引外资，推动外资进入国家重点发展的产业和地区，促进经济结构调整，引进先进工艺技术，充分发挥各地区和各部门的优势，挖掘地区出口创汇的潜力，创造新的就业机会，培养新型管理人才，孵化新型产业发展模式。2014年4月，乌克兰大项目署注册了第一批5个工业园，分别位于利沃夫州利沃夫市，伊万诺·弗兰科夫斯克州多利纳市，赫梅利尼茨基州斯拉乌达市，日托米尔州克罗斯腾市和波尔塔瓦州克列缅丘克市。乌克兰政府期望通过工业园在未来的3~5年能够吸引80亿~100亿美元的投资，并创造8万个就业岗位。各个园区因所处地理位置的不同和区域经济的发展导向不同，所享受的优惠政策也有差别，并且须根据投资项目的具体投资计划进行单独审批，只有经过审批通过的项目才可享受相应的优惠。优惠政策主要体现在以下几个方面：在一定期限内免征或减征外资企业利润税；免征投资税；免征根据投资计划而进口的商品进口关税及进口增值税；免予义务出售外汇；免交部分财政预算开支的会议会费；对进口商品采取特殊通关渠道。目前乌克兰政府积极鼓励外资投入、引导园区优先发展的行业主要有：农业、农产品加工和食品工业、纺织工业和轻工业、旅游休闲、交通、通信、高科技产品研发等。

3. 外资审批政策。

（1）土地用途审批。乌克兰《土地法》以土地用途为准对土地进行了划分，分为工业用地、农业用地、城市用地、乡镇用地等。土地必须严格按照使用目的进行使用。根据土地所有权属主体的不同，乌克兰的土地还分为国家所有土地、集体所有土地和私人所有土地，分属不同的行政机关管理。国家和集体土地使用权是没有期限限制的，而私人土地使用权有 50 年的期限限制。

根据乌克兰《土地法》的规定，任何土地权利的转移都必须到国家不动产登记处进行登记。国家或集体必须以公开拍卖的方式才能向第三人移转土地所有权/使用权。

另据乌克兰《土地法》规定，外资公司（独资或合资）只能取得非农业用地的所有权，如果是土地使用权，则无此限制。

（2）雇工审批。乌克兰《劳动法》中详细规定了劳工的用工标准（包括安全标准）。外资企业在雇佣当地劳工时必须同当地劳工签订劳动合同，且劳动合同中规定的条件和标准不得低于《劳动法》的规定。乌克兰法律没有对外资企业雇佣当地劳工的数量作出要求。

如果外资企业希望雇佣境外劳工，境外劳工入境工作必须事先得到乌克兰劳工部门的审批，并取得临时居留许可。乌克兰法律没有对外资企业可以雇佣的境外劳工数量作出详细规定。

（3）环保审批。乌克兰法律（包括《环境法》《土地法》等）规定了对乌克兰进行环境管理和环境保护的内容。这些法律对自然资源的使用、已用土地/区域的回收和修复、生态安全标准（包括大气排放物处理、工业废水的处理、废物使用和处理以及水资源管理）等都进行了规定。乌克兰环境保护立法要求土地使用者（包括石油和天然气公司、矿产公司）由于其行为对环境和自然资源造成的污染和损失承担责任。

（4）反垄断审批。乌克兰颁布了《经济竞争保护法》用于规制反垄断等问题。根据该法，如果某项并购交易（境内并购或跨境并购）涉及经营者集中问题，该项交易必须事先取得乌克兰反垄断委员会的批准。

（5）战略资产准入审批。对于特定的工业领域的战略资产引入，乌克兰的监管法规十分严格并且保守。石油、天然气和能源领域的活动受到高度监管，且需获得大量审批。这些法律覆盖了矿权授予、开采、环境保护、污染防治和劳工保护等各个方面。根据乌克兰《地下资源法》的规定，地下资源属于乌克兰人民所有，因此所有的单位或个人在开采地下资源时都必须严格遵守法律。任何单位和个人在开采地下资源前都必须从国家地质局取得审批并获得证书。这些审批都是通过公开竞标的方式取得，最高投标者才会获得审批。开采证书的有效期为20年（石油天然气资源开采证书有效期为30年）。开采证书将会详细注明开采方式、技术要求、环境保护、开采范围等信息，开采单位必须严格依据相关要求从事开采行为。

任何单位和个人如果希望勘探某区域地下资源储备，还必须事先取得勘探证，并在勘探证上标明的范围内勘探地下资源。对于普通自然资源来说，勘探证的有效期是5年。对于石油和天然气资源，勘探证的有效期是10年。如果勘探单位违规勘探的话，勘探证可能会被吊销。如果勘探发现可供商业开采的自然资源，该勘探单位必须到国家地质局对该自然资源进行登记注册。

乌克兰法律并没有对外国企业勘探、开采乌克兰自然资源作出明确的限制。但是外国企业必须首先在乌克兰境内建立实体，由该实体从事勘探、开采行为，该实体必须依据乌克兰法律要求缴纳相应的税费。该实体可以为代表处、办公室、独资公司或合资公司。根据乌克兰法律规定，勘探证或开采证不得转让给任何第三人，也不得被抵质押给任何第三人。

三、乌克兰与国际经济组织合作

1. 乌克兰与世界贸易组织。乌克兰与世界贸易组织（WTO）的首次接触始于1992年2月，乌克兰与WTO的前身"关贸总协定"（GATT）在布鲁塞尔举行首次非正式咨询会晤。1993年12月17日，乌克兰向"关贸总协定"秘书处正式提出加入GATT的申请；1994年6月28日，乌克兰向GATT工作委员会正式提交乌克兰对外贸易体制备忘录，备忘录的主要内容包括乌克兰经济法律基础及贸易政策的详细信息；乌克兰国内经济政策的基本方向、战略目标，价格构成及私有化情况，国民经济的优先发展部门和地方发展规划；中央和地方的财政税收政策；货币兑换制度及国际收支体系；与国际货币基金组织的关系，外汇兑换监管的实施；对外及对内投资政策；鼓励竞争的政策；对外贸易和外商直接投资的规模和结构等。

1995年世贸组织成立后，乌克兰根据世界贸易组织的有关规定开始"入世"谈判工作，由43个国家组成的"乌克兰加入世界贸易组织"工作组开始启动，工作组成员国包括欧盟国家、美国、日本、加拿大、澳大利亚等国。2006年底乌克兰结束了同中国、美国等国关于商品和服务市场准入的谈判，完成"入世"的所有双边谈判，2008年5月16日乌克兰正式成为WTO的全权成员国。

"入世"改善了乌克兰的对外贸易条件和机制，提高了国内企业的国际竞争力。乌克兰按照WTO原则和规定对国内经济体制和各项经济法律、法规进行调整、修订，使之符合世贸组织规则，加快市场经济转轨步伐，提高经济改革的透明度和经济中的私有化成分。加入WTO后，乌克兰充分利用WTO多边争端解决机制，通过谈判协商解决国际经贸争端，避免遭受贸易歧视和不公正的反倾销调查，维护了本国出口企业利益。乌克兰积极参加新一轮世界贸易组织关于贸易和投资体制的多边谈判，参与制定国际贸易和国际投资规则，在WTO框架下推进贸易自由化、投资便利化，大幅度削减关税和非关税壁垒，为乌克兰与欧盟签署联系国协定和建立自由贸易区创造了前提条件。

2. 乌克兰与国际货币基金组织。乌克兰与国际货币基金组织（IMF）的合作关系始于1992年。1992年6月2日，乌克兰总统签署了《关于乌克兰加入国际货币基金组织、世界银行、国际金融公司、国际发展协会和国际多边投资担保机构》的相关法律（法律编号2402-XII），1992年9月乌克兰正式加入国际货币基金组织（IMF）。从1994起乌克兰与IMF合作至今，双方已签署多份STF、Stand-by和EFF贷款协议，授信额度超过200亿美元。2014年乌克兰发生经济危机后，双方合作进一步紧密。2015年3月11日，IMF批准了向乌克兰提供为期4年、金额为175亿美元的中期贷款计划。并于2015年3月13日发放首笔50亿美元贷款，8月4日发放第二笔贷款17亿美元，2016年9月发放第三笔10亿美元贷款。通过与IMF合作，乌克兰政府获得了大量低成本资金援助，缓解了资本市场资金压力，对消除国内经济危机和实现国际收支平衡起到一定的作用。在国际货币基金组织的帮助下，乌克兰成功地进行了债务重组，减轻外债压力；通过与国际货币基金组织的合作，乌克兰积极参与一系列国际货币金融体系规则的制定，参与解决一些与稳定国际金融市场和防范世界货币金融危机密切相关的重大国际经济问题，增强自身应变经济全球化的能力。此外，乌克兰还充分利用国际货币基金组织的人力资源优势，在一系列重大方针政策的制定方面获得国际货币基金组织的咨询服务，并通过国际货币基金组织为本国培养了许多高水平的专家人才。但IMF贷款项下所附加的财政金融、外贸和税收体制改革等方面的苛刻要求，也导致乌克兰社会民生领域不时地出现剧烈的"阵痛"：隐性财政赤字、货币大幅贬值，外债总水平大幅攀升等。

3. 乌克兰与世界银行。乌克兰与世界银行（World Bank）的合作关系始于1992年。1992年9月3日，乌克兰正式加入世界银行，成为世界银行第167个成员。世界银行在乌克兰的任务是通过促进经济增长和社会发展以帮助改善乌克兰人民的生活水平。通过与本地和国际的合作伙伴合作，世界银行给予乌克兰专家咨询和融资支持。世界银行是乌克兰最大的发展资金提供者，自1992年世界银行已经向乌克兰提供了近100亿美元的贷款。

世界银行的贷款主要用于推动实施乌克兰经济改革和完善国家管理体系，帮助乌克兰，实现国内经济稳定（与IMF一道向乌克兰提供Stand-by和EFF贷款），深化经济体制改革，进行经济结构调整和体制创新，扶持部门经济发展，主要涉及能源、农业、煤炭工业、金融、社会保障和人力资源开发，保护环境和基础设施建设，改善国际收支状况。世界银行对乌克兰贷款极大地促进了乌克兰政府一系列改革方案的实施，提高政府的行政效率，加速实现企业重组和改造，提高企业经济效益和赢利水平，吸引大量外国投资。

世界银行向乌克兰提供的贷款可分为结构性贷款和投资性贷款。结构贷款主要用于促进乌克兰国内经济改革措施的实施，特别是用于扶持国有经济部门改革，实现各经济部门的结构转变。为了帮助乌克兰推进私有化进程和加速实施金融领域改革，世界银行向乌克兰提供的结构性贷款包括企业发展贷款、金融重组贷款和农业改革贷款等，主要用于促进贸易和价格自由化，实施私有化和发展有价证券市场；加速"私有化后企业改组和重建计划"的实施，推动乌克兰银行系统改革；加速乌克兰农业领域改革，实现农产品贸易自由化，加速土地和农业的私有化。此外，世界银行的结构性贷款计划还用于帮助乌克兰政府进行结构改革。世界银行的投资性贷款主要用于发展部门经济，恢复生产。最主要的投资性贷款是为能源领域改革提供的贷款，根据乌克兰与G7（七国集团）之间达成的能源扶持项目计划，世界银行向乌克兰提供水电站援建贷款、电力市场发展贷款、中央供暖系统恢复和改扩建贷款、煤炭工业重建贷款。投资性贷款是结构性贷款的重要补充，在提供企业发展和金融改革等结构性贷款的基础上，世界银行还向乌克兰银行提供贷款资金扶持企业出口；提供种子繁育贷款用于补充农业领域的结构性贷款，提高乌克兰农业部门劳动生产率和扩大农产品出口。世界银行还向乌克兰提供贷款用于扶持社会领域改革和发展社会保障体系，提高教育水平和保障居民健康，加强环境保护等。

从总体上看，世界银行的贷款成为乌克兰经济转轨所需巨额资金的一项重要来源，特别是在消除经济危机和实现经济稳定方面，世界银行的结构性和投资性贷款为乌克兰私有化和金融体系改革顺利进行做出了重要的贡献。世界银行在贷款期限方面的优势（贷款期一般超过 15 年，还有 5 年的优惠期）和在贷款条件方面的优势（是乌克兰在国际金融市场所获得各类贷款中利率最低的）保障了其对资金短缺的乌克兰而言具有较大的吸引力。此外，世界银行对乌克兰贷款所附加的各种条件，如要求乌克兰中央和地方的税务机关强化税收和预算体系的基本管理职能，要求乌克兰进行国家行政机构和服务机构改革，将贷款的额度与乌克兰经济发展状况和贷款风险的管理水平挂钩，都对乌克兰提出了许多硬性要求，推动乌克兰不断深化政治和经济领域的结构改革。

从世界银行对乌克兰贷款的分布领域看，世界银行的贷款目前主要投向是基础设施领域（交通、能源），补充乌克兰基础设施建设资金不足，促进基础设施的改造和更新，改善乌克兰投资环境，吸引工业资本进入乌克兰市场，加速乌克兰经济转轨和工业化进程。但是，世界银行贷款主要集中于农业、能源和采矿业等初级产业部门这一事实表明，乌克兰与世界银行的合作目前还处于较低的水平。未来双方将向更深层次合作发展，不断提高贷款的使用效率，以基础设施改造和建设方面的合作为依托，加强和扩大在其他领域的合作。乌克兰将利用世界银行在人力、财力和物力方面的优势，进一步完善财政和税收体制，改革国家行政管理体制，发展社会保障体制，推动私有化、工业化和现代化的发展，实现经济全面稳定增长，最终完成向"后工业化"社会的过渡。

四、乌克兰与欧盟经贸合作关系

乌克兰与欧盟经贸合作主要在贸易、投资和技术援助等领域展开。1994 年以来，欧盟与乌克兰的贸易额不断扩大，欧盟在乌克兰对外贸易的比重逐年增加。乌克兰海关发布的 2014 年外贸数据显示，欧盟已成为乌克兰最主要的贸易伙伴。2013 年乌前三大区域贸易伙伴为独联体（占外贸份额 36%）、欧盟（31%）和亚洲（23%）。2014 年乌克兰外贸份额重新分配，前三位是欧盟（35.5%）、独联体（29%）和亚洲（24%）。在 2014 年乌出口结构中，对欧盟出口占 32%，对亚洲出口占 28%，对独联体出口占 27%，对其他国家出口占 13%。在 2014 年乌进口结构中，自欧盟进口占 39%，自独联体进口占 30%，自亚洲进口占 21%，自其他国家进口占 10%。乌克兰海关称，2014 年乌克兰出口总额达 542 亿美元，同比下降 14%。尽管如此，对欧盟出口仍增长 2%。

对于欧盟来说，乌克兰是丰富的原材料出口市场和潜力巨大的商品进口市场,乌向欧盟国家出口的商品主要是初级农产品和中间产品、化工产品、黑色冶金产品、矿物产品(占58%~64%),而机械设备的出口仅占10%左右。自欧盟主要进口机械、能源、运输设备、化学制品、服装纺织品以及加工增值农产品等。这表明,尽管乌克兰与欧盟贸易额逐年提高,但其贸易商品结构还基本维持在国际分工的低级阶段,即:乌克兰主要向欧盟出口原材料等附加值较低的商品,而自欧盟进口机械设备等附加值较高的商品。此外,是俄罗斯和中亚的天然气输往欧洲的重要过境国,近年来欧盟在乌克兰服务贸易总额中比重的上升,显示出乌欧合作增强这一必然趋势。将乌克兰纳入欧洲一体化进程,是欧盟的长期目标。

在投资领域,目前欧盟是乌克兰最大的外国投资者,欧盟对乌克兰的投资累计超过400亿美元,占乌克兰外国投资总额的80%以上。欧盟对乌克兰的主要投资领域为批发贸易和中间贸易、食品工业和农产品加工业、金融业、运输业和通信业、不动产等资本回收率较高的领域,而对关系到乌克兰国计民生的冶金、能源等领域的投资却较少。例如,欧盟对乌克兰最主要的投资国荷兰对乌克兰的直接投资主要集中在食品和农产品加工业,而英国和德国对乌克兰的直接投资也主要集中在加工工业。这一方面是由于乌克兰的投资环境还很不完善,投资风险比较高;另一方面,也表明欧盟投资者在乌克兰追求短期利益最大化的投资动机。尽管我们也看到,欧盟的投资者也对乌克兰的一些大型私有化工业项目进行投资,如近年来欧盟对乌克兰的石化和冶金、机械制造业的投资也不断增加,但欧盟对乌克兰上述工业领域投资的目的主要还是为跨国资本的全球化经营目标服务,在很大程度上是为了减少其跨国经营活动潜在的竞争,将乌克兰的投资项目纳入其全球战略之下,而并不是真正致力于乌克兰民族工业的发展。

除了在投资领域的合作外,乌克兰还是欧盟主要的经济援助对象,欧盟通过TASIC项目(核安全和环保、国有企业改造和发展私有化成分、国家管理、社会教育改革、农业经济、能源、交通通信)、INTAS项目(欧盟与乌克兰共同科研项目)、欧洲复兴开发银行项目(银行体系改革)、LIEN项目(促进社会领域发展项目)对乌克兰提供资金援助。欧洲复兴开发银行是乌克兰最大的金融投资者,金融投资形式多样,包括对财政部门的授信额度、中小企业贷款、长期项目贷款、私人股权投资、现代化金融债券、进出口融资、企业联合组织等。这些投资主要集中在金融制度、农业综合企业、房地产、发电、运输项目、基础设施建设(包括运输和市政服务)和钢铁行业。

2015 年，乌克兰是欧盟的第 23 大贸易伙伴国和第 19 大出口市场，欧盟是乌克兰第一大贸易伙伴。2016 年乌克兰与欧盟建立自由贸易区，将创造更加自由的贸易和投资环境，促进乌克兰国内产品达到欧盟标准，扩大对欧盟和第三国市场的出口，从欧盟进口更多的商品满足国内市场需求，但同时也将导致乌克兰对欧盟贸易依存度和经济依赖程度的提升。尽管乌克兰提出"融入欧洲""与欧盟一体化"的国家战略和发展规划，但是乌克兰在短期内无法达到哥本哈根标准，不可能成为真正的欧盟候选国。此外，我们还应注意到这样一个事实，即：欧盟内部传统的"老欧洲"西欧国家已明确反对乌克兰入盟。受欧盟经济危机和叙利亚难民问题影响，欧盟对扩员态度更加谨慎。特别是英国脱欧之后，乌克兰入盟机会将非常渺茫。因此，在乌克兰能否最终"融入欧洲"，实现与欧盟一体化这一问题上最后起决定作用的将不是经济因素，而是欧洲大陆政治与安全格局的发展趋势，特别是美欧和俄罗斯之间的地缘战略博弈的发展，将是决定欧盟是否最终接受乌克兰"入盟"来实现自身安全利益最大化的关键。因此，现阶段欧盟与乌克兰合作的重点内容还是以政治与安全合作为主，欧盟扩大与乌克兰的贸易、投资合作和提供大量经济援助，其目的主要是基于防范俄罗斯"重建苏联"、扶持乌克兰"民主化进程，防止民主倒退"和"稳定繁荣的乌克兰对于欧洲安全具有重要意义"等方面的考虑。

五、乌克兰与独联体经贸关系

尽管独立以来乌克兰将"融入欧洲"作为其对外关系的优先发展方向，致力于扩大与欧盟、美国及包括中国在内的亚洲国家的经贸合作，但一系列经济因素决定了独联体地区仍是乌克兰开展对外经济合作的潜在的和重要的空间。这些因素包括：历史上形成的作为统一经济体的传统经济联系；彼此企业间长期形成的生产合作关系和相互间产品供应的互补性，等等。

乌克兰与独联体 25 年多的经贸合作实践表明经济合作关系的发展受政治因素的影响和制约，这在乌俄经贸关系中具有非常明显的体现。乌俄两国政治关系的冷热对双方的经贸合作产生重要的影响，并且直接影响到乌克兰与独联体国家的总体合作水平。乌克兰与俄罗斯之间长期积累的问题和产生的积怨，使两国始终无法理顺双边经贸合作关系，不能真正建立起符合两国特点的经贸合作机制，乌俄两国经贸合作步履维艰。除政治因素外，另一制约乌克兰加强与独联体各国经济合作的因素是独联体各国在经济转轨过程中产生的严重的结构性和周期性经济危机。此外，独联体各国间经济联系日益弱化也影响乌克兰与独联体各国经贸合作水平和合作层次的提高。

乌克兰向独联体国家出口商品结构主要为：非贵重金属（占26.4%）；机械设备（20%）及化工产品（10.4%）。乌自独联体国家进口商品主要为能源和矿物产品，其中天然气和石油占87.4%，主要来自俄罗斯和土库曼。乌克兰向独联体国家服务贸易出口主要为运输服务，占89.4%；服务贸易进口中运输服务占44.6%，通信服务占26.3%。俄罗斯是乌最大的服务贸易伙伴，对俄罗斯服务贸易出口占乌克兰向独联体国家服务贸易出口总额的95.8%，进口占84.4%。①

乌克兰在独联体范围内的主要经贸合作伙伴为俄罗斯、白俄罗斯、哈萨克斯坦（2013年以来，乌俄贸易占乌克兰与独联体国家贸易额的比例为66%~72%，白俄罗斯和乌克兰贸易额占乌克兰与独联体国家贸易额的15%~18%，乌哈贸易占乌克兰与独联体国家贸易额的6%~8%，乌克兰与其他独联体国家的贸易额所占比重为10%左右）。

虽然乌克兰与俄罗斯之间近年来贸易额大幅下降（2014年，乌俄贸易额为207.6亿美元，2015年乌俄贸易额下降至123.2亿美元），但乌俄之间固有的传统经贸合作关系在很长的一段时期内仍然很难被完全替代。两国在很多生产领域互为原料供应国和生产加工国，加之苏联时期各加盟共和国之间多年来在计划经济体制下形成的分工协作关系随着专业化程度的不断加深而更显密切。在苏联时期，除农业外，乌克兰主要发展重化工业和军工工业，乌克兰仅能独立生产自己所需产品的20%，其余产品或是从俄罗斯等国进口，或与俄罗斯合作生产。目前俄罗斯仍是乌克兰主要的贸易伙伴，乌克兰所需能源的1/3左右仍需从俄罗斯进口。此外，俄向西欧出口的石油和天然气管道大多过境乌克兰，乌克兰获得的油气管道过境费收入也比较可观，因此，乌克兰在短期内不可能完全与俄罗斯断绝经济联系。而俄罗斯作为乌克兰商品一个主要销售市场的地位也不会在短时间内立即割断，仍将是乌克兰的钢管、酒类、奶制品、农产品、机器配件等商品的主要出口目的地。

除俄罗斯外，白俄罗斯和哈萨克斯坦是乌克兰在独联体的最主要经贸合作伙伴。乌克兰和哈萨克斯坦在石油开采和加工领域合作达成一系列协议，其中包括乌克兰企业参加哈萨克斯坦境内石油的勘探，哈萨克斯坦石油在乌克兰的石油加工厂进行加工，哈萨克斯坦参与乌克兰大型石油加工企业的私有化，从

---

① 根据乌克兰统计委员会 http://www.ukrstat.gov.ua/统计资料整理得出。

乌克兰经里海过境哈萨克斯坦到中国新疆的"新丝绸之路"项目和哈萨克斯坦货物经乌克兰运往欧洲的交通物流项目；乌克兰在哈萨克斯坦建立乌克兰机械设备中心；乌克兰通过拜科努尔航天基地发射火箭，等等。乌克兰一方面从哈萨克斯坦获得稳定的能源和其他原料性商品；另一方面，可以向哈萨克斯坦提供根据纳扎尔巴耶夫总统倡议制定的"哈萨克斯坦－2030年国家规划"中大量进口商品，参与哈萨克斯坦军工企业和农工综合体的改建项目。乌克兰可以通过向对哈萨克斯坦提供运输服务和机械制造产品、管道及轻工产品的出口，作为哈萨克斯坦向乌克兰出口能源的补偿。而与白俄罗斯的经贸合作关系可以实现两国国民经济结构的互补，恢复传统的生产协作，共同生产在独联体和世界市场有竞争力的商品。白俄罗斯本国不生产或产量很少的商品，如金属轧材和其他冶金工业产品、化学工业和机械制造类产品、农产品等都可以形成乌克兰对白俄罗斯长期稳定的出口。但2015年俄罗斯、白俄罗斯和哈萨克斯坦等国"欧亚经济联盟"正式启动，削弱了乌克兰向上述三国的出口。2015年乌克兰对俄罗斯、白俄罗斯和哈萨克斯坦的出口额分别为48.3亿美元、8.7亿美元、7.1美元，与2014年相比分别下降了50.7%、46.1%和33.6%。而乌克兰自俄罗斯和白俄罗斯的进口也分别下降了41%和38.3%。

为了进一步拓展乌克兰产品在独联体的市场空间，乌克兰新政府开始恢复和加强与除俄罗斯之外的独联体国家合作，谋求进一步增加乌克兰商品的市场份额，特别是为乌克兰不具备国际市场竞争力的商品提供广阔的销售空间，乌克兰将进一步发展与"古阿姆"组织成员国的经贸合作，促进成员国贸易自由化进程。但是考虑到乌克兰与欧亚经济联盟以外的独联体国家，包括"古阿姆"成员国的经贸合作在乌克兰对外经贸关系中所占比重较低这一事实（乌克兰与土库曼斯坦的贸易额占乌克兰与独联体贸易额的3%～4%，与乌兹别克斯坦的贸易额仅占乌克兰与独联体贸易额的2%左右，与摩尔多瓦的贸易额占乌克兰与独联体贸易额不足2%，与阿塞拜疆和格鲁吉亚的贸易额占比不足1%），因此未来一段时间里如何恢复和推动与欧亚联盟国家经贸合作水平仍是乌克兰新政权面临的挑战。

六、乌克兰与中国经贸合作关系

建交25年来，中国和乌克兰两国在各个领域的友好合作关系发展顺利，两国人民的传统友谊不断加深。两国建立了长期稳定、相互尊重、平等互利、相互协作的全面友好合作关系，在国际事务中保持良好的合作。2011年时任中国国家主席胡锦涛访问乌克兰，中乌共同宣布建立战略伙伴关系。中国重视与乌克兰发展友好合作关系，支持乌克兰为维护国家独立、主权和领土完整所做的努力，理解和尊重乌克兰根据本国国情选择的发展道路和制定的内外政策，支持乌克兰在国际和地区事务中发挥积极作用。乌克兰高度重视发展对华关系，坚持一个中国立场，支持中国在台湾、人权、西藏、"法轮功"问题上的原则立场，希望与中国建立和发展全面战略伙伴关系，在重大国际和地区问题上密切沟通和协调。近年来，中乌两国在经贸、科技、教育、文化等领域合作不断深化，地方合作也全面发展，北京、天津、山东、湖北等20多个省、市、自治区与乌克兰的基辅市、哈尔科夫市、赫尔松州、基辅州等地建立了友好省份和友好城市。

经贸合作是中乌关系的重要组成部分，是中乌关系稳定发展的推动器。建交25年来，中乌经贸合作从无到有，发展迅速，双方已形成了较为稳定的经贸合作关系，2013年双边贸易额超过100亿美元，但受乌克兰国内政局影响，2014年以来双边贸易额大幅下滑，但中国在乌克兰对外贸易中始终位居前列，是乌克兰在亚洲地区的最大贸易伙伴。目前，我国已连续5年成为乌克兰第三大贸易伙伴，中乌经贸经受住了乌克兰政局动荡和经济衰退的考验，双边经贸合作保持了连续性。随着乌克兰国内政治经济局势的好转，中乌经贸合作水平也必将得到进一步提升。

1. 双边贸易。中乌建交以来，双方贸易经历了六个主要发展阶段：

（1）第一轮快速增长阶段（1992~1994年）：乌克兰独立初期消费品供应严重匮乏，外汇严重短缺，导致中国轻工纺织产品与乌克兰冶金和化工产品之间的易货贸易成为这一阶段双边贸易的主要方式，中乌年贸易额由1992年的2.3亿美元、1993年的5.8亿美元增长至1994年的8.37亿美元，增幅分别高达152.2%和44.3%。

（2）下滑阶段（1995~1998年）：中乌贸易由易货贸易逐步向现汇支付方式转变。这期间，受乌克兰进口商品来源多元化、中国出口商品质量和竞争力弱以及乌居民消费能力有限等多种因素的影响，双边贸易额急剧下滑，由1995年的6.13亿美元降至1996年的5.67亿美元、1997年下降至4.35亿美元，1998年受金融危机的沉重打击，双边贸易额跌至2.75亿美元。

（3）恢复性增长阶段（1999~2001年）：乌克兰经济开始缓慢摆脱危机，消费品市场出现复苏，同时也因为中国出口商对商品质量给予了应有的重视，以及中乌经济技术合作项目的拉动作用，1999年双边贸易额增长了53.09%，恢复到 4.21 亿美元，2000 年双边贸易额为 5.91 亿美元，增长 40.3%，到 2001 年，双边贸易额重新恢复到 1994 年的水平上，当年双边贸易额为 8.57 亿美元，同比增长 45.1%，其中中方进口额为 6.10 亿美元，出口额为 2.47 亿美元，分别增长 34.3% 和 81.2%，开始为下一轮贸易增长蓄积能量。

（4）第二轮快速增长阶段（2002~2009 年）：中乌贸易开始由恢复性增长进入新一轮快速增长期，双边贸易克服了国际市场行情低迷的影响，稳定性日益增强，中国具有比较优势的商品和技术大量进入乌克兰市场，使贸易内容不断丰富，促进了双边贸易额在未来一段时期内的可持续增长，并逐渐扩大了中国对乌克兰的贸易顺差。中国对乌克兰出口商品结构不断改善，机电产品比重开始抬升，乌克兰大型通讯电子产品供应商开始着手将中国作为其新的电子产品采购基地。据中国海关统计，2002 年双边贸易额为 12.34 亿美元，同比增长 43.9%，其中中方进口额为 7.06 亿美元，出口额为 5.28 亿美元，同比分别增长 15.7% 和 113.5%；2003 年双边贸易额为 21.75 亿美元，同比增长 76.3%，其中中方进口额为 12.46 亿美元，出口额为 9.289 亿美元，同比分别增长 76.4% 和 76.1%；自 2004 年起，中国对乌出口开始超过自乌进口，当年双边贸易额为 24.88 亿美元，同比增长 14.4%，其中中方进口额为 10.45 亿美元，同比减少 16.2%，出口额为 14.44 亿美元，同比增长 55.5%；2005 年双边贸易额为 32.77 亿美元，同比增长 31.7%，其中中方进口额为 7.85 亿美元，同比减少 24.9%，出口额为 24.92 亿美元，同比增长 72.7%。2008 年中乌双边贸易额 86.6 亿美元，同比增长 32.6%，其中中方出口 74.8 亿美元，同比增长 27.4%，进口 11.8 亿美元，同比增长 78.1%；受 2008 年经济危机影响，2009 年中乌双边贸易额 57.76 亿美元，同比下降 34.1%，其中中方出口 36.04 亿美元，同比下降 52.4%，进口额 21.72 亿美元，同比增长 82%。

（5）稳定发展阶段（2010~2013 年）：2010 年中乌双边贸易额 77.38 亿美元，同比增长 33.8%。其中中方出口 55.65 亿美元，同比增长 54.4%，进口 21.67 亿美元，同比下降 0.4%。2011 年中乌双边贸易额 104.11 亿美元，同比增长 34.7%，提前实现中乌两国元首关于双边贸易 2012 年达到 100 亿美元的预期。其中，我对乌出口 71.47 亿美元，同比增长 28.51%，我自乌进口 32.64 亿美元，同比增长 49.40%。我顺差 39.2 亿美元，同比增长 15.23%。中国为乌第六大出口市场和第三大进口来源地。2011 年，乌克兰对中国出口继续快速增长态势，对中国出口增长约为其总体出口增幅的两倍。其中，矿产品为乌克兰对中国出口的第一大类产品，出口额为 16.7 亿美元，增长

88.0%。化工产品是乌克兰对中国出口的第二大类商品,出口额2.2亿美元,增长47.2%。动植物油脂是乌克兰对中国出口的第三大类商品,在乌克兰对中国出口中的比重为4.3%,增长199.1%。此外,木及制品、纤维素浆对中国出口增幅均实现倍增,但绝对金额均不大。而机电产品则成为对中国出口下降的大类产品。乌克兰自中国进口的主要商品为机电产品、贱金属及制品和塑料橡胶,占乌克兰自中国进口总额的57.7%。除上述产品外,纺织品及原料、家具玩具制品、化工产品、陶瓷玻璃等也为乌克兰自中国进口的主要大类商品,在进口中的比例均超过5%。乌克兰自中国进口与其进口总体趋势相同,自中国进口增幅略低于其进口平均增幅。但主要进口产品机电产品的进口增幅接近1倍,运输设备进口超过1倍,而纺织品进口则出现下降。

2012年中乌双边贸易额103.6亿美元,基本与2011年持平,其中中方出口73.24亿美元,进口30.32亿美元,中国是乌克兰第九大出口市场和第二大进口来源地。2012年,矿产品、机电产品和动植物油脂是乌克兰对华出口前三大类产品,分别占乌克兰对华出口总额的80.9%、4.5%和4.0%。乌克兰自华进口主要商品为机电产品、纺织品及原料和贱金属及制品产品。上述产品分别占乌克兰自华进口总额的36.2%、11.0%和8.5%。2013年双边贸易额111.2亿美元,同比增长7.3%,其中中国对乌克兰出口78.5亿美元,同比增长7.1%;从乌克兰进口32.7亿美元,同比增长7.9%,中国为乌克兰第三大出口市场和第二大进口来源地。

矿产品依旧是乌克兰对中国出口的第一大类产品,占乌克兰对中国出口总额的65.7%。动植物油脂是乌克兰对中国出口的第二大类产品,占乌克兰对中国出口总额的16.0%。作为乌克兰对中国出口的第三大类产品,机电产品占乌克兰对中国出口总额的8.1%。乌克兰自中国进口的主要产品为机电产品、贱金属及制品和纺织品及原料,分别占乌克兰自中国进口总额的35.7%、11.9%和10.4%。在乌克兰机电产品进口中,中国居乌克兰进口来源的首位,占乌克兰该产品进口市场份额的22.6%,高出第二位俄罗斯6.3个百分点。

(6)下滑阶段(2014年至今):2014年双边贸易额85.9亿美元,同比下降22.7%,其中中国对乌克兰出口51.1亿美元,同比下降34.9%;从乌克兰进口34.9亿美元,同比增长6.5%。中国为乌克兰第四大出口市场和第二大进口来源地。乌克兰对中国出口的主要产品仍为矿产品、植物产品和动植物油脂,分别占乌克兰对中国出口总额的60.2%、14.6%和13.6%。乌克兰自中国进口的主要产品为机电产品、贱金属及制品和纺织品及原料,分别占乌克兰自中国进口总额的35.2%、10.4%和9.5%。在乌克兰机电产品进口中,中国居乌克兰进口来源的首位,占乌克兰该产品进口市场份额的21.9%,高出居第二位的俄罗斯5.4个百分点。2015年中乌双边贸易额为70.74亿美元,同比下降17.6%。其中中方进口额为35.6亿美元,同比增长2.1%,出口额为35.2亿美元,同比下降31.1%。中国是乌克兰第三大出口市场和第三大进口来源地。乌克兰对中国出口的主要产品为矿产品、植物产品和动植物油脂。分别占乌克兰对中国出口总额的40.2%、29.0%和22.2%。乌克兰自中国进口的主要产品为机电产品、化工产品和贱金属及制品。分别占乌克兰自中国进口总额的38.5%、9.6%和9.4%。

2. 投资合作。虽然目前两国经贸合作仍以商品贸易为主,但双方的合作潜力远不止于此,随着乌克兰经济的恢复和发展,以及居民消费水平的提高,单一的商品贸易已不能适应双方的需求,加强投资合作将成为双方合作的主要方向。乌克兰是"一带一路"倡议沿线国家,两国在农业、通信、基础设施等领域的合作已经打下了良好的基础。不少中国企业,如华为、中兴通讯等,在乌克兰发展势头良好。2016年1月1日,欧盟—乌克兰自由贸易区协定正式生效。乌欧自贸区启动,使得乌克兰在沟通欧亚交流与合作方面的地理优势更加突出。中国企业在乌克兰生产,原料采购上能够享受乌欧自贸区内的价格优惠,降低生产成本;生产的产品不仅可以供应乌中两国,还能便利地进入欧洲市场。不过,近年来,中国与乌克兰两国间的相互投资仍在低位徘徊,发展空间巨大。据中国商务部统计,截至2014年末,中国对乌克兰直接投资存量为6341万美元。乌克兰国家统计局数据显示,乌克兰对中国投资存量为140万美元。作为最早响应"一带一路"倡议的国家之一,乌克兰和中国在"一带一路"框架下可以实施一系列重点项目,覆盖基础设施建设、能源、航空、机械制造、农业、物流、通信、电子商务等领域。中国企业应在充分了解乌克兰市场需求的基础上,逐步扩大与乌克兰投资合作的规模、层次和水平,通过直接投资或生产合作等方式进入乌克兰市场。

在投资区位选择上,我们建议应综合考虑乌克兰各地区自然和资源潜力、工业和农业发展水平及城市化水平等因素,充分发挥乌克兰地区和产业经济优势,在初期应主要在市场条件和基础设施条件相对较好的优先投资发展区、高水平投资发展区开展投资活动。随着乌克兰整体投资环境的逐步改善,有序地向一般投资发展区和中低水平投资发展地区拓展投资合作空间。

结合中国企业对外投资产业战略和乌克兰产业投资结构,以及对乌克兰未来经济发展前景趋好的判断,我们认为在投资产业选择上,一方面,应针对乌克兰矿产资源丰富,特别是锰、铁、钾盐、煤炭、铀等矿产更是我国短缺矿种的情况,拓展矿业投资;另一方面,还应利用我国巨大的外汇储备和制作业、服务业通过多年积累形成的产业优势,在"一带一路"战略下,积极推动欧亚地区互联互通,重点参与乌克兰基础设施领域建设项目,加强银行等金融机构对乌克兰投融资力度,通过金融助力将中乌经贸合作提升到一个新台阶。

结　　论

2016年1月1日乌克兰与欧盟自由贸易区协定正式启动,在美国、欧盟及世界银行和国际货币基金组织的帮助下,乌克兰逐步稳定债务和金融市场,按照欧盟标准进行全面的政治、经济和社会体系改革。4月10日,亚采纽克政府宣布辞职。4月14日,乌克兰最高拉达主席格罗伊斯曼出任政府新总理,乌克兰国内政局走势逐步趋向稳定,总统、总理和议会形成团结一致的"三位一体"格局,政府的权威性和执行力大大增强。经济也呈现恢复性增长势头,工、农业生产和对外贸易发展态势良好,资本市场需求旺盛。

在明斯克协议能够得到有效执行,乌克兰东部地区无重大不利突发事件发生的情况下,未来一个时期内乌克兰经济发展将有望在目前基础上保持缓慢增长的态势,对外贸易规模将会逐步扩大,投资环境将日渐改善,利用外资,尤其是利用外国直接投资总量也将会大幅度增加,乌克兰企业竞争力将会进一步提升,国内市场需求将会扩大,乌克兰的资源、地缘和科技潜力将逐步释放。与欧盟政治经济一体化是目前乌克兰政府对外关系的优先发展方向,《乌克兰—欧盟联系国协定》的签署表明乌克兰在名义上已经具备欧盟候选国资质。与欧盟就互免签证问题的谈判也取得了阶段性成果,乌克兰公民已获得欧盟出入境便利化待遇。随着欧盟和乌克兰自由贸易区的启动,乌克兰与欧盟的贸易将会有较大幅度增长;乌克兰与欧盟在投资和产业等领域的合作将会扩展和深化。

乌克兰积极参与中国倡议的"一带一路"建设,有望成为丝绸之路经济带上新的节点国家,成为中资企业和金融机构实施"走出去"战略、开展对外投融资合作的新兴市场国家。在"一带一路"战略下,中乌两国在基础设施建设、贸易、投资、航空、铁路运输、能源、旅游、文化交流和教育等领域的合作具有广阔前景。我们可以将乌克兰的资源优势、地缘优势、科技优势和产业基础优势与中国的资金优势、产业技术优势和人力资源优势有效组合起来,全面推动中乌贸易,扩大对乌克兰能源资源、农业和交通通信等基础设施领域投资,促进乌克兰产业结构转型和升级。

参考文献

中文参考文献

[1] 诺索夫主编:《苏联简史》,生活.读书.新知三联书店1977年版。
[2]《苏联百科辞典》,中国大百科全书出版社1986年版。
[3] 王钺:《往年纪事译注》,甘肃人民出版社1994年版。
[4] 李静杰、董晓阳主编:《乌克兰综合国力与战略地位》,中国社会科学院俄罗斯东欧中亚研究所1995年版。
[5] 科勒德科著:《从休克到治疗》,上海远东出版社2000年版。
[6] 马贵友主编:《乌克兰今昔》,中国社会科学院俄罗斯东欧中亚研究所2000年版。
[7] 顾志宏著:《非常邻国——乌克兰和俄罗斯》,国防大学出版社2000年版。
[8] 董晓阳、何卫:《乌克兰——东西方争夺的焦点》,中国社会科学院俄罗斯东欧中亚研究所2001年版。
[9] 库奇马著:《乌克兰:政治、经济和外交》,东方出版社2001年版。
[10] 郭连成著:《从苏联到俄罗斯乌克兰——若干经济问题研究》,经济科学出版社2001年版。
[11] 帕夫洛夫斯基著:《乌克兰的改革:过渡时期的宏观经济》,民主与建设出版社2001年版。
[12] 曹维安著:《俄国史新论》,中国社会科学出版社2002年版。
[13] 马贵友主编:《列国志·乌克兰》,社会科学文献出版社2003年版。
[14] 何卫主编:《十年巨变·新东欧卷》,中共党史出版社2004年版。
[15] 赵云中著:《乌克兰:沉重的历史脚步》,华东师范大学出版社2005年版。
[16] 王承宗著:《乌克兰史 西方的梁山泊》,台北市三民书局2006年版。

［17］王尊贤译：《俄罗斯历史故事集》，东方出版社 2009 年版。

［18］保罗·库比塞克著：《乌克兰史》，中国大百科全书出版社 2009 年版。

［19］丁军、王承就等著：《转型中的俄罗斯、乌克兰和白俄罗斯》，世界知识出版社 2010 年版。

［20］况腊生著：《乌克兰危机警示录》，国防工业出版社 2016 年版。

［21］《俄罗斯和东欧中亚国家年鉴》1992～1995 年，中国社会科学院俄罗斯东欧中亚研究所编印。

［22］《俄罗斯和东欧中亚国家年鉴》1996～2002 年，当代世界出版社 1998、1999、2000、2001、2002、2003、2004 年版。

［23］《俄罗斯中亚东欧研究》、《欧亚经济》杂志（2010～2016 年各期）。

俄文和乌克兰文参考文献

［24］Гаврилюк О. Методы регулирования деятельности иностранных инвесторов в странах-реципиентах // Экономика Украины. – 2000. – №3.

［25］Герасимчук. Н. С. Экономические и институционные условия инвестиционной деятельности. // Экономика Украины. – 1994. №12.

［26］"Государственная программа поощрения иностранных инвестиций в Украине". Закон Украины от 17 декабря 1993 г. // Ведомости Верховной Рады. – 1994. – №6.

［27］Инвестици в Украине. / Под ред. С. И. Вакарина（МВФ）. – К. : Конкорд, 2006.

［28］Лукінов І. Економічні трансформації（наприкінці ХХ століття）. – К. : Ин–т экономики НАНУ, 2004.

［29］Макогон Ю. В., Ляшенко В. И. Иностранные инвестиции в современных условиях. Статистика. Опыт. Проблемы. – Донецк. 2004.

［30］"О защите иностранных инвестиций в Украине" Закон Украины от 10 сентября 1991 г. // Ведомости Верховной Рады. – 1991. – № 46. – C. 616.

［31］"Об инвестиционной деятельности" Закон Украины от 18 сентября 1991 г. // Ведомости Верховной Рады. – 1991. – № 47. – C. 646.

［32］"Об иностранных инвестициях". Закон Украины от 13 марта 1992 г. // Ведомости Верховной Рады. – 1992. – № 26. – C. 357.

[33] "О налогообложении доходов предприятий и организаций". Закон Украины от 21 февраля 1992 г. // Ведомости Верховной Рады – 1992. – № 23. – С. 333.

[34] "О налогообложении прибыли предприятий". Закон Украины от 28 декабря 1994 г. // Ведомости Верховной Рады. – 1995. – №4. – С. 28.

[35] "Об общих началах создания и функционирования специальных (свободных) экономических зон." Закон Украины от 13 октября 1992 г. // Ведомости Верховной Рады Украины. – 1992. – №50. – С. 676.

[36] "О режиме иностранного инвестирования". Декрет Кабинета министров Украины. // Ведомости Верховной Рады. – 1993. – № 28. – С. 302.

[37] "О режиме иностранного инвестирования" Закон Украины от 19 марта 1996 г. // Ведомости Верховной Рады. 1996. №19, С. 80 – 81.

[38] Пересада А. А. Основы инвестиционной деятельности. – К. : Либра, 2006.

[39] Пересада А. А. Інвестиційний процес в Україні. – К. : "Видавництво Либра". 2005.

[40] Україна: Енциклопедія. В. М. Скляренко, Харків. : "Видавництво Фоліо". 2007.

[41] Bohdan Krawchenko, Social change and national consciousness in twentieth century Ukraine (Edmonton: Canadian Institute of Ukrainian Studies, 1985).

[42] Taras Kuzio and Andrew Wilson, Ukraine: Perestroika to independence, New York: St. Martin's 1994.

[43] Serhy Yekelchuk, Ukraine: Birth of Modern Nation (Oxford : Oxford University Press, 2007).

后　记

在本书的写作过程中，我得到了国家开发银行、外交部欧亚司、商务部欧亚司、中国驻乌克兰大使馆及商参处、乌克兰驻华使馆、中国社会科学院俄罗斯东欧中亚研究所、世界经济与政治研究所、国务院发展研究中心欧亚社会发展研究所、商务部贸研院、乌克兰科学院世界经济和国际关系研究所、乌克兰对外贸易科学院、基辅大学国际关系学院等单位众多老师和同事们的关心和帮助，在此谨向他（她）们致以衷心的感激。

在本书的写作过程中，参考了大量国内外的图书、论文、资料和相关文献，吸收了其中的众多研究成果，转载和引用了许多相关的资料、图片、文献，借鉴了众多学者的研究思想和设想，虽然在本报告的脚注和参考文献部分对此已有注明，但恐有疏漏，在此一并表示谢意。

由于本人水平有限，在书中一定有许多不足之处，敬请各位同仁批评、指正。

最后希望本书能够起到抛砖引玉的作用，吸引更多感兴趣的人进一步深入研究和探讨乌克兰投资环境问题。

任　飞

2017 年 1 月 16 日